작고(作故) 문인 61인 숨은 이야기

이유식의 문단수첩 엿보기

| 이유식 인물에세이집 |

청어

이유식의 문단수첩 엿보기

이유식 지음

발행처 · 도서출판 **청어**
발행인 · 이영철
영　업 · 이동호
기　획 · 최윤영 | 김홍순
편　집 · 김영신 | 방세화
디자인 · 김바라 | 오주연
제작부장 · 공병한
인　쇄 · 두리터

등　록 · 1999년 5월 3일(제22-1541호)

1판 1쇄 인쇄 · 2011년 10월 20일
1판 1쇄 발행 · 2011년 10월 30일

주소 · 서울시 서초구 서초동 1588-1 신성빌딩 A동 412호
대표전화 · 586-0477
팩시밀리 · 586-0478

블로그 · http://blog.naver.com/ppi20
E-mail · ppi20@hanmail.net
ISBN · 978-89-94638-70-6 (03810)

이 책의 저작권은 저자와 도서출판 청어에 있습니다.
무단 전재 및 복제를 금합니다.

이유식의 문단수첩 엿보기

작고作故 문인 61인 숨은 이야기

작가의 말

어언 문단 데뷔가 만 50년이 되었다. 20대 초반의 신인 시절이 엊그제 같은데 어느새 나이가 70대 중반이 되었다. 세월도 세월인 만큼 이 과정에서 참 많은 문인들도 만났다.

그러나 막상 작고(作故) 문인들만을 생각해 보면 살아생전에 나와 인연이 닿은 분 중에서 나름대로 글감이 될 만한 이야기가 있는 분들은 그렇게 많지 않았다. 일단 61분을 글의 대상으로 삼았다.

이 책의 내용상 주요 키워드는 다음 두 단어에 집약된다. '만남'과 '인연'이다. 크게 보아 모든 내용은 이 두 단어의 축 위에서 전개되고 있다고 보아도 무방하다. 그래서 책명을 『이유식의 문단수첩 엿보기』라고 정하고, '작고 문인 61인 숨은 이야기'를 부제로 달아보았다.

따라서 글의 성격으로 보아 책의 내용은 전적으로 흔히 우리가 접할 수 있었던 문단 야사(野史)나 문단 비화(秘話) 또는 문단 이면사적인 요소도 꽤 많긴 하지만, 정확히는 문단에서 처음 시도해 보는 상대 문인과 나 사이에 얽힌 쌍방 간의 '문학인 이면사'라고 할 수 있다. 또 나를 기준해서 보면 제목처럼 회고적 성격의 나의 '문단 추억 수첩'이기도 하다.

그리고 글을 쓰는 과정에서는 우선 내용의 다양성을 위해 먼저 장르별로 시인, 소설가, 평론가는 물론 다른 장르의 문인도 양념으로 곁들여 보았으며, 또 문인들 생존 당시 나의 입장으로 보아 원로급과 중진 및 중견급은 물론 나와 비슷한 세대의 선후배들도 상당수 포함시켜 보았다. 그리고 전체 글을 최종 정리하는 과정에서 느낀 점이라면 의외로 언론계 출신 문인과도 많은 인연이 있었구나 싶었고, 반면에 여성 문인이 단 네 명뿐인 것이 매우 아쉬웠다.

 이 책의 체제는 글의 성격이나 내용을 약간 감안해서 4부로 나누었고, 배열은 문단 연조 우선순위에 따르려 했다. 참고로 부록을 달아본 것은 자랑할 것은 못 되지만 본문 내용을 이해하는 데 조금이나마 참고가 될까 싶어서이다. 그리고 모든 이야기를 진솔하게 쓰되 흥미로운 에피소드를 찾아내 소개해 보려 했다. 과연 이 모든 것이 뜻한 대로 이루어졌는지 매우 궁금하지만 일단 모든 것을 독자들의 판단에 맡긴다.

 끝으로 책의 출판을 기꺼이 맡아준 청어출판사와 글을 쓰는 과정에서 여러모로 힘을 실어준 전지명 박사께 각별히 고마움을 표한다.

석양을 바라보며 대치동 청다헌에서
青多 이유식 글 남기다

차례

제1부 글로써 맺어진 사연들

1. 청마 **유치환**의 술좌석 명언 • 11
2. 작은 선물로 큰 감동 주신 **김광균** 선생 • 14
3. 나의 집 가훈을 써주신 **김동리** 선생 • 17
4. 최초 본격 시인론으로의 인연, **박두진** 선생 • 20
5. 최초 본격 작가론으로의 인연, **김성한** 선생 • 24
6. 부러움을 한 몸에 받았던 소설가 **강신재** • 29
7. 민족시인으로 남고자 한 시인 정치가 **정상구** • 33
8. 글로써 많은 인연 맺은 소설가 **곽학송** • 37
9. 더없이 좋은 사람, **박재삼** 시인 • 41
10. 두 번이나 시상식에 같이 서본 **유경환** 시인 • 45
11. 동병상련의 **신동엽** 시인 • 49
12. 비평의 이심전심, 평론가 **김현** • 52
13. 수필 장르의 최초 로비스트, 수필가 **박연구** • 56
14. 호인이라 적(敵)이 없었던 소설가 **유재용** • 60

제2부 잊을 수 없는 만남의 시간들

1. '좋다 만' 향파 **이주홍** 선생의 배려 • 66
2. 요산(樂山) **김정한**의 그 한마디 • 69
3. 내 문학의 버팀목, **조연현** 선생 • 72
4. 나를 '우리 선생님'이라 부르곤 했던 **손소희** 여사 • 75
5. 여장부 같았던 수필가 **조경희** 선생 • 79
6. 한 자유인의 초상, **김수영** 시인 • 82
7. 멋쟁이 파리지앵, 불문학자 **양병식** • 85
8. 박사과정의 인연, 소설가 **전광용** 선생 • 88
9. 많은 덕을 쌓고 간 **최계락** 시인 • 92
10. 맏형 같았던 평론가 **최일수** 선배 • 95
11. 미운 정, 고운 정 들었던 **황명** 시인 • 99
12. 겹겹으로 얽힌 인연, **박성룡** 시인 • 102
13. 한글 전용 문학지 길을 연 시인 **안장현** • 105
14. 나의 결혼을 중매한 시조시인 **이복숙** 교수 • 109
15. 의창 수필의 개척, 수필가 **박문하** • 113
16. 평론가 **이광훈**과 나의 〈세대〉사 시절 • 117

제3부 우정과 문정의 세월

1. 나와 **천상병**의 부산시절 • 122
2. 인생이 두 동강 난 시절의 **구자운** 시인 • 129
3. 세 겹의 남다른 인연, **정공채** 시인 • 133
4. 시원한 성격에다 탱고 춤의 명수, **권일송** 시인 • 137
5. 선후배로의 40년 인연, 평론가 **윤병로** • 141
6. 문학의 탈이념 전도사, 평론가 **원형갑** • 145
7. 작은 호의에 큰 감동 받은 평론가 **장백일** • 149
8. 한때 문협의 실세였던 희곡작가 **오학영** • 153
9. 시작과 끝 참 알 수 없는 인생, 소설가 **정을병** • 157
10. 요절한 **김민부** 시인과 나와의 언쟁 • 161
11. 잦은 만남 그리고 깊은 우정, 시인 **이탄** • 165
12. 무교동에서 자주 만난 기자시인 **김광협** • 169
13. 소매 끝 스친 인연, 소설가 **이청준** • 173
14. 하룻밤 만단설화(萬端說話)를 나눠본 소설가 **이문구** • 177
15. 동갑내기로 맺은 끈끈한 우정, 소설가 **김국태** • 181

제4부 세월이 남긴 사연들

1. 초정 **김상옥** 시인의 봉변기 • 186
2. 동생의 결혼 주례 서신 소설가 **송지영** 선생 • 189
3. 나를 동심의 술벗으로 여긴 **박화목** 선생 • 192
4. 생전에 먼빛으로만 뵌 **설창수** 시인 • 196
5. 해외여행 동침의 깊은 인연, **김차영** 시인 • 200
6. 나를 '이 판사'라고 불렀던 소설가 **박연희** 선생 • 204
7. 따뜻한 그 큰 손의 감촉, 소설가 **오영수** 선생 • 208
8. 초현실주의 시의 교주(敎主), **조향** 시인 • 212
9. 불가근불가원 관계였던 **전봉건** 시인 • 216
10. 산악인 **장호** 시인과 캐나다 로키 관광길의 추억 • 220
11. 남강의 기(氣)를 받아 조숙했던 시인 **이형기** • 224
12. **이태극** 박사와 나의 해외여행 길 낙수 • 228
13. 많은 일화 남긴 언론인 소설가 **선우휘** 선생 • 232
14. 침술 봉사하다가 떠난 **신동문** 시인 • 236
15. 넓고도 깊은 인연, 소설가 **이병주** • 240
16. '**황용주** 필화 사건'과 나 • 246

부록 | 문학인으로 살아온 반세기의 자화상 • 249

이유식의
문단수첩
엿보기

제1부 / 글로써 맺어진 사연들

유치환

김광균

김동리

박두진

김성한

강신재

정상구
곽학송

박재삼

유경환
신동엽

유재용

김현

박연구

1. 청마 유치환의 술좌석 명언

청마(靑馬) 유치환은 생애 중 말년을 부산에서 보냈다. 대구여고에서 1963년에 경남여고 교장으로 부임하여, 부산남여상 교장직에서 불의의 교통사고로 1967년 2월에 돌아가실 때까지 약 4년간이다.

내가 청마를 처음 만난 것은 1964년이었고, 그분이 문협 부산지부장직을 맡고 있던 시절이었다. 문협 모임에서 첫 인사를 드렸는데 퍽 반갑게 대해주셨고 또 연세가 30여 세나 차이가 있는데도 공대말을 꼭 놓으시지 않았다.

나야 물론 청마 선생을 거울 알처럼 환히 알고 있었지만, 그분도 나를 잘 아시는 듯 마치 구면처럼 대해주셨다. 그럴 만한 이유는 있었다. 1962년도에 〈현대문학〉지에 「휴머니즘의 詩」와 또 같은 해에 「한국의 범신주의」를 논하면서 청마의 시 세계를 언급한 바 있다. 이것이 인연이기도 해 평론가가 귀한 시절이라 1960년도에 나온 제10시집 『뜨거운 노래는 땅에 묻는다』와 1963년도에 나온 수상집 『나는 고독하지 않다』를 각각 친필 사인을 해 보내주신 적도 있다.

첫 대면 이후 그 뒤 여러 번 뵙게 되었는데 회의에서건 술자리에서건 거의 말이 없으셨다. 즐거운 이야기가 오가면 간혹 호탕한 웃음만 웃으시며 그의 시에 나오듯 '소리하지 않는 바위' 같은 자세로 좌중의 이야기만 경청하는 쪽이었다. 새파랗게 젊고도 젊은 나는 대인풍의 시인의 자세가 바로 저런 것인가도 싶었다. 이런 그의 과묵성은 1950년 말경 잠시 경북대학교에서 문학 강의를 할 때 별 할 말이 없다고 이른바 '5분 강의'로만 끝내고 그냥 질문만 받거나 아니면 자습에 맡겨버린 일화에서도 여실히 증명되고 있다.

그런데 과묵하신 그분으로부터 내가 묘미 있는 말을 들은 것은 선생의 댁에서였다. 여름 어느 토요일 오후, 문협 모임이 끝나자 몇몇 사람에게 자기 집에 맛좋은 막걸리를 빚어놓았으니 함께 가자는 것이다. 지금 생각해보면 댁이 수정동이었는지 좌천동인지 확실치는 않지만 아무튼 그날 우리는 대접을 참 잘 받았다. 번듯하게 차려 나온 술상 가운데는 오지 술 항아리가 놓여 있고 표주박이 걸쳐져 있지 않은가! 민속 주점류의 출입이 거의 없던 신출내기 평론가의 눈에는 가히 신선놀음이요 또 멋과 풍류가 넘친다 싶었다. 한 순배 두 순배 술잔이 돌려지자 차츰 이야기꽃도 더욱 무르익고, 이야기에 취해 잔을 돌리다가 잔이 비어 있으면 청마께서 직접 표주박으로 잔을 채워주시면서 "드시게" "많이 드시게"라는 권주 말씀만 하셨다.

그런데 어느 한 분이 취중에 느닷없이 "선생님께서는 술을 아주 좋아하신다고 들었는데 왜 그러신가요?" 하고 정말 싱겁고 멋

없는 질문을 던졌다. 청마 왈 "술은 마음을 세탁하지"라고 하셨다. 정말 인상 깊었던 말이었다.

그때만 해도 나는 술에 관한 경구적 아포리즘만 서너 가지 알고 있었다. "사람이 술을 마시고, 술이 술을 마시고, 술이 사람을 마신다"는 『법화경』 속의 말, "술의 향기는 죽음의 사자의 입김"이라는 시인 롱펠로의 말, "술은 아무것도 만들지 않는다. 다만 비밀을 누설시킬 뿐이다"라는 독일 시인 쉴러의 말만 알고 있었다. 그런 나에겐 청마의 이 '세탁설'이 순간 청마다운 술 예찬의 아포리즘이요 명언이구나 싶었다.

훗날 40~50대에 나도 반주객이 되어 문우들과 자주 술판에 어울리면 곧잘 이 말을 인용해보기도 했고 또 한술 더 떠서는 자랑 삼아 청마와의 술자리에서 얻어 들은 풍월이라고 주석까지 달아보기도 했다.

나는 지금 청마의 이 '세탁설'을 내 나름대로 해석해본다. 문인들이 술을 탐하는 첫째 이유는 기질적으로 청담이나 방담을 나누길 즐기니 자연 그 촉매제 역할을 술이 할 수도 있긴 하겠지만, 다른 한편으로는 글을 구상하거나 쓰는 과정에서 오는 스트레스나 앙금을 풀고 씻을 수 있는 것이 바로 술이 아닌가 싶다. 청마의 '세탁설'에는 일리가 있다.

문득 그의 명시 「바위」의 끝 행이 떠오른다. "두 쪽으로 깨트려져도/ 소리 하지 않는 바위가 되리라"고 노래했지만 아마 저세상에서 주선(酒仙) 변영로나 조지훈 등과 어울리면 분명 "세탁합시다"라고 한마디 던지실 것 같다.

2. 작은 선물로 큰 감동 주신 김광균 선생

신인 시절이건 또 그나마 문단에 나와 제법 때가 묻었을 때이건 상대적으로 문단의 원로나 대가급으로부터 책을 증정 받으면 누구나 기분이 좋았을 것이고, 좋을 것이다. 1960년대 신인평론가 시절, 유치환, 박두진, 박목월, 조연현, 최정희, 손소희 선생으로부터 자필 서명된 본인들의 저서를 받았을 때의 사뭇 감격스러웠던 여운이 지금도 살아나는 듯하다.

아니, 책만이 아니다. 조그마한 증표나 관심 표시의 선물이라도 받으면 그것 또한 자랑스러운 일이 아닐 수 없을 것이다.

나는 김광균 선생으로부터 '快意堂'이라는 글씨가 조각되어 있는 탁상용 나무 필통을 선물 받은 적이 있다. 문사의 문방(文房)에 꼭 있어야 할 의외의 선물에 기분이 좋아 전화로 직접 고맙다는 인사를 정중히 드렸다.

이렇게 된 데에는 겹겹으로 얽힌 사연이 있다. 나는 1982년도에 〈시문학〉지에 「김광균 시의 플롯 구조원리」를 발표한 바 있었다. 사실 1960년대에는 시론이나 시인론을 합쳐 8~9편을 썼으나, 1970년대에 들어와서는 소설 쪽에만 관심을 두다 보니 자연 시쪽과는 거리가 멀어졌다.

그런데 1981년도 어느 날 서재에서 김광균 시집을 뽑아 읽다가 이렇게 읽어만 둘 것이 아니라 본격적으로 '김광균론'을 한번 써보자는 생각이 문득 들었다. 이왕이면 그동안 발표된 대표적인 평론이나 일부의 논문들을 참고는 하되, 그것과는 좀 색다른 글을 써보아야겠다는 생각을 하며 자료들을 점검해 보았다. 거개가 '모더니즘의 시'라는 테두리 내에서 그의 시의 도시 문명성, 조형성이나 회화성, 메타포의 현대성이나 언어의 현대적 감각 등에 초점을 맞추고 있었다.

그래서 더 이상 그쪽은 언급해 봐야 결국 오십보백보의 동음반복에 끝날 공산이 커 이른바 '발상의 전환'이라는 걸 생각하며 마치 영어학자들이 영어 문장을 5형식으로 간추려 정리해 주었듯이 나도 1930년대 그의 시의 작법 내지 시 구조법상의 특징을 찾아 플롯 구조원리를 추출해 보았던 것이다. 그리고 그것을 이미 앞에서 말했듯 〈시문학〉지에 발표했던 것이다.

그런데 어쩌다가 이 평론이 5년 후인 1987년도에 나온 '김광균 시 연구논문집'이라 할 수 있는 『三十年代의 모더니즘』이라는 책에 수록된 것이다. 보내온 책을 받아 보니 구상·정한모 편으로 되어 있고, 여기에는 열한 분의 글이 실려 있었다. 먼저 간행사를 읽어보니 그동안 기성시인이나 평론가들이 쓴 글과 대학원 학위논문이 무려 100여 편이 되는데, 거기서 1차로 27편을 골랐고 또 거기서 다시 2차로 11편을 최종적으로 골랐다는 것이다. 이 간행사를 읽으면서 그나마 공들여 내 나름의 시각으로 새롭게 접근해본

'김광균론'이 역시 쓴 보람을 주는구나 싶었다.

이쯤에서 왜 김광균 선생으로부터 이유식에게 선물이 왔는지는 대충 짐작이 가리라 본다. 해당 출판사로부터 재수록비를 받았는지 안 받았는지 지금 그것은 기억할 수는 없지만, 어찌 되었건 김광균 시인 자신으로 보면 매우 고마운 일이 아닐 수 없다. 자기에 대해 관심을 가져준 데에 대해 무언가 고마움의 표시는 있어야겠다고 생각하여 전 수록자에게 보냈으리라 본다.

나는 그분을 돌아가실 때까지 한 번도 뵌 적은 없다. 오로지 글로만의 인연이었다. 1914년생으로 향년 79세로 1993년에 타계하셨으니 그 시대에 태어나신 분으로서는 제법 장수하신 것이다.

들은 바에 의하면, 6·25 때 동생이 납북되자 동생의 사업체를 인계 받아 건설업에만 전념하여 근 30여 년을 시와 완전히 인연을 끊고 사셨다. 1980년대 중반을 전후해서 시를 다시 쓰기 시작하고, 두 권의 새로운 시집을 남겨두고 떠났다.

그리고 사업가로서 단단한 재력을 지니고 있었기에 생전에 시인 장만영, 작가 이봉구, 시인 김기림과 같은 옛 친구들의 문학비(碑)를 자비로 세워주고도 갔다.

지금 나는 이 글을 쓰면서 바로 내 책상 위 머리맡에 놓여 있는 그분의 귀한 선물인 그 목필통을 물끄러미 바라다보고 있다. '快意堂'이라고 조각된 글자가 눈에 확 들어온다. '快意'란 '유쾌' 또는 '통쾌한 마음'이라는 뜻이니, 내가 지난 시절 '김광균론'을 쓴 것에 대해 다시금 통쾌하단 기분이 든 동시에 이 글도 매우 유쾌한 마음으로 끝을 맺는다.

3. 나의 집 가훈을 써주신 김동리 선생

문학청년 시절부터 나는 비록 만나 뵌 적은 없었지만 김동리 선생을 매우 가깝게 느낀 일이 있다. 선생은 경주 태생이지만 내가 태어나기 3년 전인 1935년에 나의 연고지인 진주와 하동 사이에 있는 고찰 다솔사에 잠시 머물면서 작품도 쓰면서 짬을 내어 야학을 열어 아이들을 가르쳤던 일이 있었고, 또 그분의 대표작 「역마」의 주 무대인 쌍계사와 화개장터가 바로 내 고향 하동에 있다는 지연적 친숙함이 있었기 때문이다.

뿐만 아니라 대학시절에 평론 습작을 한답시고 선생의 단편 「바위」를 심층 분석해서 작가 요산 김정한 교수로부터 칭찬도 들었던 인연도 있고 해서이다.

결국 이런 유대감이 알게 모르게 작용하여 후에 내가 평단에 데뷔하고 나서 그분의 장편 「사반의 십자가」를 작품론 형식으로 1963년도 〈현대문학〉지에 발표한 바도 있었다.

그렇지만 직접 뵌 것은 1971년도 3월이었다. 1970년도 현대문학상 시상식장에서였는데, 나는 평론 부문 수상자로 참여하여 시상식이 끝나고 나서 심사위원 중의 한 분이셨던 선생께 정중히 인사를 드렸다. 또 심사위원들과 수상자들이 함께 기념사진도 찍었는데 그 사진은 나에겐 가장 소중한 사진 중의 하나가 되어 있다.

그 후 문단 모임에서 자주 뵈올 수 있는 기회가 있었는데, 그 첫 인사에서는 워낙 많은 문인들을 만나서인지 나를 즉석에서 잘 알아보시지 못하는 것 같았다. 그래서 그 후 인사를 드릴 적마다 두세 번 다짜고짜로 "평론가 이유식입니다"라고 신고를 드렸는데 그것이 주효해서인지 그 다음 모임에서는 "아, 이유식 씨!" 하고 즉석에서 알아보시기에 '이름 신고'를 그만둔 내력도 있다.

이것이 계기가 되어 선생께서 신당동에 사실 때 두어 번 댁으로 세배를 간 일이 있고, 또 그 후 강남 청담동에 새 집을 지어 이사를 와 사실 때인 1980년대에도 한두 번 세배차 들른 일이 있다.

그리고 가장 뜻있는 방문은 1987년도 일이었다. 교직에 있는 어느 여성 소설가가 봄방학 중이라면서 자기가 인사차 방문하려고 하니 가능하면 동행해 주면 좋겠다는 청이 들어왔다. 그래서 오후에 동행을 했다. 마침 거실에서 붓글씨를 쓰고 계시기에 인사를 드리고 이 이야기 저 이야기를 조금 나누다 문득 선생의 붓글씨를 기념으로 하나 받아두어야겠다는 생각이 들어 청을 넣어 보았다. 선생의 붓글씨는 문단에 널리 알려져 있는 터라 훗날 값있는 기념이 되겠다는 생각도 들었다. 그래서 쉽게 얻을 수 있는 신년 휘호 대신 대뜸 가훈을 하나 생각해 놓고 있는데 그걸 써주시면 좋겠다는 청을 드렸다. 즉석에서 쾌히 승낙하시면서 며칠 후에 오라는 것이다. 순간 노대가(老大家)의 붓글씨, 그것도 나의 집 가훈이니 훗날 나의 손자나 손자들의 손자들 세대에 가서는 가히 가보(家寶)가 됨직도 하다는 생각도 해보았다.

　며칠 후에 간단한 인사 선물을 가지고 가서 드리고 그것을 찾아와 곧 바로 표구사에 맡겨 표구를 시켜 나의 집 거실에 여봐란 듯이 걸어두었다. "부끄러움 없이 살자"라는 내용 옆에 작은 글씨로 '이유식 교수댁 가훈을 위하여 정묘년 봄 수남각 김동리 씀' 이라고 쓰여 있는데 그 정묘년이 바로 1987년도 봄이었다.

　그 이듬해 마침 '비너스'란 상표로 널리 알려져 있는 여성 이너웨어 전문회사인 주식회사 '신영'에서 매달 내는 홍보지 〈신영〉으로부터 수필 청탁이 들어왔기에 마침 잘되었다 싶어 가훈을 만든 경위에다 동리선생으로부터 글씨를 받게 된 자초지종을 소재로 하여 「나의 집 가훈 이야기」를 쓴 적도 있다.

　그런가 하면 2004년도에 나의 대학 정년기념 및 문단 등단 43주년 기념문집에도 들어가 있어 더욱 빛을 내주고도 있다.

　들건대 동리선생은 후배와 제자들에게 휘호를 곧잘 써주신 걸로 알고 있지만 가훈만은 좀 희귀하지 않을까 싶다.

　이 가훈 휘호는 지금도 나의 집 거실 벽에 걸려 있다. 간혹 가훈을 볼 때마다 견물생심이라 동리 선생을 생각하곤 한다. 그리고 또 그동안 살아오면서 정말 가훈처럼 '부끄러움 없이' 살아왔는지도 반성해보곤 한다.

4. 최초 본격 시인론으로의 인연, 박두진 선생

혜산 박두진 선생과 나는 먼저 글로써 첫 인연을 맺었다. 갓 데 뷔한 신진평론가 시절에 나는 시의 현실참여 문제에 대해 꽤 깊은 관심을 가졌었다. 1963년도 〈현대문학〉 3월호에 「시의 앙가주 망론」을, 그리고 곧이어 5월호에는 「전후의 한국풍자시론」을 발표도 해보았다.

이중 「시의 앙가주망론」에서는 현실참여의 두 방법, 즉 직접적 참여와 간접적 참여(제2의 방법)를 논하면서 박두진 시인의 예를 통해 자연을 통한 간접 참여도 있다고 제법 소상히 설명해 보았다.

그런데 이 글이 발표되고 넉 달 뒤인 그해 7월에 혜산 선생의 『인간밀림』이라는 시집이 나왔는데 이게 웬일인가. 새파란 졸자 신진평론가에게 '李洧植兄'이라는 친필 사인을 넣어 보내온 것이다. 이만저만한 감격이 아니었다. '兄'이라는 호칭을 써주었으니 가히 하늘을 나는 기분이었다고나 할까.

단번에 통독해 보았다. 분명 이전 시 세계와는 다른 변화가 감지되어 바로 그 전해에 나온 시집 『거미와 성좌』도 구해 읽어 보았다. 역시 두 시집 모두 이전 시 세계와는 다른 변화가 있어

언젠가는 본격적인 시인론을 써보아야겠다고 생각을 했다. 그것이 곧 1965년 〈현대문학〉 11월호에 발표된 「변모한 시의 지평」이라는 제목의 '박두진론'이다. 그 당시는 원고 분량이나 접근 방법으로 봐서 최초의 본격 '박두진론'에 해당되었다.

대체로 그의 시는 지금도 소재와 의식지향 면으로 보아 3기로 구분하여 정리하고 있는데 말하자면, 나는 이 평론에서 『거미와 성좌』와 『인간밀림』을 제2기로 보고 제1기인 『청록집』, 『해』, 『오도』 시대와 비교해 가며 그 변화를 논해 보았던 것이다. 그래서 그 이후 상당 기간 동안은 여러 평론이나 논문에서 자주 인용되고 있는 보람도 더러 맛보았다.

그런데 이런 글로써가 아니라 직접적 첫 대면은 1966년 초이었다. 신촌 연세대 부근에 살고 계신다기에 위치를 알아내어 어느 토요일 오후에 찾아가 뵈었다. 워낙 말수가 적어 많은 대화는 나누지 못했는데 방 안을 둘러보니 꽤 많은 수석이 진열되어 있었다. 방문을 마치고 나오려는데 수석 한 점을 기념으로 주시는 것이었다.

혜산 선생은 그 뒤 수석 수집 전문가가 되었다. 1974년도에 신세계백화점에서 초대 수석전이 있었는데 이를 계기로 상당수의 문인들이 수석에 대해 관심을 갖게 되기도 했다. 그 대표적인 문인이 바로 전봉건 시인이었다.

혜산 선생은 이런 취미로 수상집 『돌과의 사랑』, 시집으로는 『수석열전』, 『속·수석열전』, 『수석연가』라는 3부작 시집을 내기도 했다.

그분은 성격이 곧아 사람들과 사귀기를 가히 좋아하지 않아 불요불급(不要不急)이면 문단 출입을 거의 하지 않았는데, 그런 만큼 문단 정치나 세속의 공명에 초탈한 듯한 삶을 살다 가셨다. 생전에 남한강의 돌밭을 걷고 있었던 모습이 순간 떠오른다. 가냘픈 몸매에 도수 높은 안경을 쓰고, 혹시 명석이라도 있나 하고 목을 빼고 두리번거리며 걷는 모습이야말로 흡사 학과 닮았다 싶다.

그리고 지금 생각해보면 교수생활은 그렇게 평탄했던 것만은 아니었다. 연세대 전임이 된지 불과 5년 만인 1960년도에 조교수 직에서 시국 탓으로 사임해야만 했고, 그 이후 우석대학, 이화여대로 옮겨 다니다가 12년 만인 1972년도에 연세대에 복직해 약 10년간 재직하다 1981년도에 정년퇴임을 했다.

지난 2006년도다. 내가 초대 창립회장을 맡았던 '강남문인협회'에서 당일 코스로 안성 지역을 다녀온다기에 그곳이 바로 혜산 선생의 연고지인지라 따라 나섰다. 시립도서관에 마련되어 있는 그분의 자료실도 구경했고, 또 도서관 뜰 앞에 세워져 있는 시비 앞에서 기념사진도 찍었다. 그러고 나서는 멀지 않은 곳에 있는 생전의 집필실도 둘러보았다.

돌아오는 버스 안에서 나는 그분과의 인연을 다시 한 번 생각해보며 나 자신부터 스스로 반성도 해보았다. 반세기 가까이 문학 활동을 한다고 떠벌리고 다닌 나는 과연 무엇을 남겨두었나 싶으니 순간 좀 쓸쓸하다는 생각도 스치고 지나갔다.

혜산 선생은 1916년에 태어나 향년 82세로 1998년도에 돌아가셨다. 돌아가신 지 6년 후인 2004년도부터 매년 가을에 '혜산문학제'가 열리고 있는데, 아직 한 번도 참가한 적이 없어 꼭 한 번은 참석해보아야겠다는 생각이 불현듯 들고 있다. 그리고 기회가 있다면 문학제 참가자들과 함께 혜산의 시세계를 다시 한 번 논해 보고도 싶다.

5. 최초 본격 작가론으로의 인연, 김성한 선생

　작가 김성한은 1919년생으로, 2010년에 향년 91세로 타계하였다. 그 시대에 태어난 분으로서는 상대적으로 아주 장수한 셈이다.

　문단에는 1950년 〈서울신문〉 신춘문예에 단편 「無明路」가 당선되면서 데뷔했다. 이를 계기로 교직에 몸담고 있다가 1955년도에 〈사상계〉 주간으로 왔다가 1958년도에는 〈동아일보〉 논설위원으로 자리를 옮겼다. 그 후 그는 평생을 동아일보사에 있다가 퇴임했다. 논설위원 겸임 출판국장, 편집국장(1973), 논설주간(1977), 편집고문(1981) 등을 두루 거쳤다.

　그는 데뷔 이후 한동안 장용학, 손창섭 등과 함께 전후(戰後)세대의 대표적 작가 중 한 사람이었다. 그래서 나는 1962년도에 그와 손창섭 작품세계의 공통점을 찾아 「인간연극론」이라는 평론을 〈현대문학〉에 발표한 바 있다. 내용은 그들의 작품에 나타난 인간의 이중인격, 사회적 가면이나 위선 등과 같은 이른바 삶의 '연극성'을 다루어 보았다.

　이것이 계기가 되어 1964년도에 역시 〈현대문학〉에다 작가론으로서 「평면적 인물―김성한론」을 발표한 바 있다. 그때까지 나온 그의 작품집 『오분간』과 『암야행』을 텍스트로 하여 꽤 넓고 깊이 있게 다루어보았다. 이것은 그에 관한 최초의 본격 작가론인 동시에 나에게도 신진평론가로서 최초의 작가론이었는데 그 뒤 많이 인용이나 소개되는 것을 보고 약간은 보람도 느꼈다.

이 작가론이 곧 그와 나와의 글로써의 인연이었다. 그는 데뷔 이후 10여 년간 많은 단편을 발표했는데, 1955년도에는 동인문학상을, 1958년도에는 자유문학상을 받았지만, 1960년대 초반부터는 거의 휴면 상태에 있었고 또 그분 자신도 문단 출입이 없다 보니 우연이라도 만날 수 있는 기회가 없었다.

그러다가 내가 그분을 처음 만날 수 있었던 때는 1970년도다. '한국소설론'이라는 연재 제1탄이 「한국소설의 제명변천고」라는 제목으로 그해 〈현대문학〉 4월호에 나갔다. 그리고 얼마 있지 않아 동아일보에 그 글이 '소설제명은 당대 문학적 동향 반영'이라는 타이틀로 소개된 바 있다. 전혀 생각지도 않았던 일이라 신진평론가로서는 어찌 고맙고, 어찌 기쁜 일이 아닐 수 있었겠는가. 그래서 '오라, 참 잘되었다' 싶어 문화부 담당기자에게도 인사도 하고 또 그 참에 김성한 선생도 뵈려고 며칠 지나 먼저 문화부로 갔다. 마침 데스크에 김병익 기자가 혼자 있었다. 해당 기사가 기명 기사가 아니었기에 아마 그도 그 당시 평론활동을 하고 있었으므로 그가 바로 그 기사를 썼겠지 지레짐작만 하고 점심 식사를 대접하려고 같이 밖으로 나왔다.

그런데 이게 웬일인가! 식사를 하며 이야기를 나누다 보니 그 기사를 쓴 사람은 자기가 아니라 2~3일 전에 일본 특파원으로 나간 정구종 기자라는 것이 아닌가. 그는 훗날 편집국장을 지내고 자회사 〈동아닷컴〉 사장을 지냈는데 어쩌다 보니 결국은 지금까지 한 번도 만날 기회가 없고 말았다.

아무튼 우리는 식사를 하고 다시 〈동아일보사〉로 들어와 나는 그길로 논설위원실로 갔다. 마침 김 선생이 자리에 있기에 먼저 인사를 하고 오늘 방문한 자초지종을 말했다. 그는 나의 '김성한 론'도 읽었고 또 이번에 신문에 소개된 기사도 읽었다며 격려를 아끼지 않았다. 그리고 자기는 이제 단편 창작은 접어두고 오로지 장편 역사소설에 집중하고 있다 했다.

그리고 그 다음 해 초봄쯤에 또 만날 수 있는 기회가 우연히 생겼다. 나의 부산대 영문과 은사로 김종출 교수란 분이 있었는데, 이분은 조교수 시절인데도 내가 학생평론가로 활동하는 걸 보고 자극을 받아 1964년도에 「엑자일의 문학」이라는 제목의 '이상론'으로 〈동아일보〉 신춘문예에 평론으로 당선되었다. 그리고 그분의 부산고 제자였던 소설가 이영우(본명 이준우)가 그 당시 월간 〈신동아〉에서 편집 일을 맡고 있었기에 서울 출행길에는 서로 만나고 있었다. 김성한의 역사소설 『이성계』가 1966년도에 출판되었는데 얼마 지나 곧 그것을 소재로 역사소설 문제를 다룬 평론을 〈신동아〉지에 발표하기도 했다.

그래서 1970년도 초봄 어느 날 오후 늦게 제자인 이영우 씨로부터 나에게 전화가 왔다. 김 교수께서 영어영문학회 일로 서울에 왔다가 지금 자기 사무실에 들렀는데 같이 한번 만났으면 한다는 내용이었다. 우리는 만나 이런저런 이야기를 나누다 마침 김성한 선생 이야기가 나왔는데, 그 당시 편집부장이던 이영우 씨가 느닷없는 제안을 했다.

선생님도 김성한 선생과는 글로만 인연이 있으니 이럴 것이 아니라 이 기회에 인사를 드려두는 것도 좋을 것 같다며 우리를 논설위원실로 안내했다. 네 사람이 만나 그분의 작품세계에 대해서도 우리는 상당한 이야기를 나누었다. 그러다 보니 퇴근 시간이 다 되었다. 자기 글에 대한 평론을 쓴 평론가 두 분이 오늘 공교롭게도 자기와 자리를 같이하게 되었으니 저녁식사를 대접하겠다는 것이다. 그날 저녁 우리는 멋진 저녁을 대접 받으며 역사소설 집필에 관한 여러 숨은 에피소드를 잘 들었다. 그리고 작고할 때까지 오로지 역사소설에만 전념했다.

그러고 보면 김성한 선생은 작가로서 두 길을 걸은 셈이다. 데뷔 초기 10여 년간은 단편작가로서, 그 이후는 오로지 장편 역사소설가로 일관했던 것이다. 그래서 창작집에는 『오분간』, 『암야행』만이 있고, 역사소설로는 『이성계』, 『이마』, 『요하』, 『왕건』, 『임진왜란』, 『진시황제』 등을 남겼다.

생전의 그의 괄목한 만한 문학적 성취로 그는 일찍 동인문학상, 자유문학상 등을 받았고, 그 후 역사 소설가로서의 업적으로 대한민국문화예술상, 인촌상, 대한민국 예술원상 등을 수상했다.

그러나 최초의 본격 작가론을 쓴 나로서는 아쉬운 점이 하나 있다. 나의 평론이 그의 단편세계를 분석한 것으로서는 초기에 해당되는데, 그것이 그만 초기인 동시에 마지막 작품 세계가 되고 말았기 때문이다. 그 후 또 다른 새로운 창작집이 줄곧 나왔다면 나는 분명 제2의 '김성한론'을 썼을 것이다.

지금 이 순간, 그가 남겨놓고 떠난 방대한 역사소설에 관해 새로운 작가론을 써보고 싶은 생각이 불쑥 들고 있다. 그러나 이제는 독서량이나 근력이 따라주지 못해 역시 '고자 마음뿐'이라는 속설이 딱 어울리는 말이구나 싶다.

6. 부러움을 한 몸에 받았던 소설가 강신재

    소설가 강신재 여사는 1924년생으로 77세를 일기로 2001년에 타계했다. 1949년도 김동리 선생의 추천으로 〈문예〉지를 통해 데뷔한 이래 약 50여 년 간의 작가 인생에서 괄목할 만한 많은 작품을 남겨놓고 떠났다. 작품 활동이나 가정생활 양쪽을 다 보아 매우 행복한 인생을 사셨던 분 중의 한 사람이다.

    그분의 학력을 보면 이화여전 중퇴로 되어 있는데, 그 당시는 재학 중에 결혼을 하면 학칙에 따라 부득이 중퇴할 수밖에 없었던 사정이 있었다 한다.

    그리고 평생 동안 물론 작품 활동이야 별개였지만, 바깥 출입의 문단 활동만은 극히 자제했다. 그래서 문단 모임에는 '가뭄에 콩 나듯' 했고, 1980년대 초반기에 여류문학인회 회장직을 한 번 맡았고, 그 후반기에 소설가협회 대표직을 맡은 것이 고작이다. 그 이유는 본인의 조용한 가정적인 성격도 성격이었지만, 사회적 지위가 당당했던 남편과 자녀들의 뒷바라지 때문이기도 했는데, 또 들려온 이야기로는 부인의 외부 문단 활동을 남편이 그렇게 달갑게 여기지 않고 있다는 소문도 있었다.

남편 서임수 선생은 강 작가보다는 나이가 두 살 위로, 사변 때에는 공군 정훈감, 자유당 때에는 국회의원, 그 뒤 〈경향신문〉 부사장과 주필, 해외개발공사 사장, 국민대 총장을 지낸 분이다.

1970년대 말쯤이었다. 해외개발공사가 무교동에 있을 때인데 어떤 다른 사람의 일로 사장실에서 두어 번 뵌 일이 있다. 준수해 보이는 멋쟁이 타입이었다. 성격은 호방에다 호탕해 보였고, 파이프 담배를 피우고 있었는데 술도 호주한다는 말은 이미 듣고 있었다. 속으로 알게 모르게 강 여사의 속깨나 썩혔지 않나 싶었다.

말하자면 이런 남편을 모시고 살다 보니 자연 문단 나들이가 잦을 수 없어 오로지 주부작가로만 전념할 수밖에 없었지 않았나 싶다.

내가 강 작가를 직접 만난 것은 비로소 1974년도였다. 그분이 〈현대문학〉지에 연재하던 장편소설 「북위 38도선」이 1973년 12월호로 끝나자 바로 그 다음 해 1월호에 편집부의 요청으로 평을 쓰게 된 것이 계기였다. 어느 날 〈현대문학〉지 편집부 차장으로 있던 소설가 김국태 씨로부터 전화가 왔다. 평을 쓰느라 수고했으니 강 작가가 점심을 한번 했으면 한다는 전갈이었다. 그래서 약속을 하고 세 사람이 만난 적이 있다.

만나 보니 아닌 게 아니라 그동안 사진으로 보아왔고 또 입소문으로만 들었지만 단번에 미인이란 걸 알 수 있었다. 여류 중에는 단연 군계일학이었다. 뿐만 아니라 멋도 부릴 줄 안다 싶었다. "연재가 끝나자마자 바로 그 다음 호에 평을 쓰느라 시간적 여유가 그렇게 많지도 않았을 텐데……" 하면서 수고했다는 친절한 인사말도 아끼지 않았다.

　이것이 연고가 되어 그 뒤 이 작가에 대해 두어 번 더 언급해줄 기회도 있었다. 1987년도에는 〈어문각〉에서 내고 있었던 『정통한 국문학대계』의 해설편에서 '박경리·강신재편'의 작품해설을 썼고 또 같은 해 〈현대문학〉지를 통해 「여성 작가의 세 장편」을 언급하면서는 강 작가의 장편 『파도』를 논해보기도 했다.

　이런 연고로 '가는 정 오는 정'이라는 말이 있듯 그 후 혹시 문단 모임에서 얼굴을 대할 기회가 있다면 각별히 반가워했다.

　아무튼 그분은 작가 생활은 물론 주부로서 가정생활도 성공적으로 꾸려나갔기에 주변으로부터 많은 부러움을 받았다.

　뿐만 아니라 바깥분도 수필가였기에 '부부 문인가족'으로 소문도 높았다. 이와 관련된 에피소드가 하나 생각난다. 그분은 1960년대부터 〈현대문학〉에 간혹 수필을 발표했는데, 사회활동과는 달리 문단에는 아내인 강 작가보다는 덜 알려졌기에 한동안 혹시 문단 모임에서 자기소개를 할 경우가 생기면 우스개도 겸해 '소설가 강신재의 남편'이라고 소개하더라는 이야기도 전해진 적이 있다. 그분은 1974년도에 『장미도 먹을 여인』이라는 첫 수필집을 내었는데 그때는 비록 인사는 없었지만 지금에 비하면 문인의 수도 적고 또 평론가라서 그랬는지 직접 서명까지 해서 나에게 보내준 바도 있는데 그 뒤 『삼천궁녀 거느린 뜻은』, 『나의 사랑 클레멘타인』과 같은 수필집과 칼럼집 등 여러 권의 책도 냈다. 이 중 1990년도에 나온 칼럼집 『야단맞은 빠리의 데이트』를 그래도 잊지 않고 보내주어 고맙다는 인사말도 전했다.

끝으로 강 작가의 문단세계에 대해 사족 삼아 한두 마디 덧붙인다면 전기에는 주로 고통 받는 여인들의 삶과 현대 남녀들의 애정 모럴을 추구했다. 그러다가 후기로 오면 장편소설 『임진강의 민들레』, 『북위 38도선』을 통해 사회의식이나 역사의식 쪽으로 관심을 확대해 나갔던 것이다.

7. 민족시인으로 남고자 한 시인 정치가 정상구

정상구 시인의 아호는 설송(雪松)이다. 그분은 1925년생으로 향년 80세인 2005년에 타계했다. 2006년도 1주기 추모식에서는 전 5권의 문학전집 출판기념회가 부산여대에 있는 다촌(茶村)문화관에서 열렸는데 서울에서 간행위원장인 문덕수 씨와 내가 참석하여 각각 간행사와 추모사를 했다.

설송 선생은 보통 사람들의 세 배쯤은 일을 하고 떠났다. 시인으로서, 교육자로서, 정치가로서, 다도(茶道)인으로서 또 서예가로서 1인 5역의 삶을 산 셈이다. 부산에서 혜화학원을 설립한 것을 비롯해, 한국서화예술인협회장, 한국다도협회장, 정치인으로서는 5선 의원을 역임했다. 이런 다방면의 활동을 하다 보면 자칫 문학과는 거리가 멀어질듯 싶은데, 일반 시집과 장편 서사시집을 합쳐 12권을, 그리고 소설, 수필, 평론집을 합쳐 8권을 남겨놓고 떠났다. 뿐만 아니라 문학 외의 저술 활동도 많다. 정치관계 저서가 8~9권 있고, 또 다도(茶道)관계 저서도 3~4권이나 된다. 학구열도 대단해 정치학박사와 문학박사 학위도 땄다.

들은 바에 의하면 "나는 정치인으로 존경받는 것보다 민족시인으로 존경받고 싶다"는 말을 유언처럼 남겼다 하는데 아닌 게 아니라 설송은 시인 정치가로서 뜨거운 민족애를 노래한 서사시집을 여러 권 남겼다. 일제하의 역사적 비화를 회고하며 한·일관계의 어제와 오늘을 노래한 『현해탄 영가』, 6·25 소재의 『조국의 통곡』, 서대문 형무소를 통해 본 일제하의 독립운동 비화를 노래한 『하늘 불꽃』, 현대사 정권의 부침을 다룬 『공룡무공화국』, 한·소 두 정상회담을 소재로 한 『역사의 강변에서』가 바로 그런 예들이다.

내가 설송 선생을 처음 만난 것은 1960년대 초 부산시절이었다. 그때 혜화여고 교장으로 재직했다. 일찍이 평론에도 관심을 갖고 『한국현대문학주조사』라는 책을 낸 바 있었기에 갓 나온 신진평론가를 귀한 동지가 생겼다 싶어서인지 퍽 다정하게 대해 주었다.

그 후 서로 사는 길이나 생활 터전이 다르다 보니 자주 만나지는 못했지만 저서만은 잊어버리지 않을 정도로 가끔씩 보내주곤 했다.

1989년도에 한국문학평론가협회 세미나가 부산에서 있었다. 그때 나는 주제 발표자로 참여했는데 부산을 지키는 현역 국회의원으로서 우리를 뒤풀이에 초대해 주었고, 여흥의 자리에서 '돌아와요 부산항에'란 노래를 열창해 주었는데 내 평생 처음이고 마지막으로 들었던 노래라 지금도 그 목소리가 들리는 듯싶다.

그리고 1995년도 11월에는 그분이 회장을 맡고 있던 '남부문인협회' 창립 1주년 기념 세미나가 부산에서 있었는데 주제 발표자로 참가해 세미나가 끝나고 같이 주제 발표를 한 최원규 교수와 권기호 교수 그리고 그 단체의 임원들과 함께 또 한 번 즐거운 자리를 가지기도 했다.

그러나 이런 일보다는 우리 두 사람이 더욱 친밀해질 수 있었던 직접적인 일이 1997년도에 있었다. 역대 정권의 부침을 다룬 정치 서사시집 『공룡무공화국』에 대한 평설을 내가 써준 일이다. 내 평생 첫 부탁을 받은 일이라 정말 정성껏 썼다. 전직과 현직을 막론하고 역대 대통령을 '공룡'으로 몰아붙였으니 행여 필화사건에 휘말릴까봐 만천하가 알 만한 평론가 모모 씨와 시인 모모 씨가 꽁무니를 빼더라며, 그래도 이 교수가 써주어서 매우 고맙다는 인사말을 하며 그 저간의 속사정을 솔직히 털어내 보여주었다.

그리고 책이 나온 후 얼마 지나 여의도에서 또 자리를 같이 한 번 했는데 동료 국회의원들에게 책을 돌렸더니 더러 독후감을 말하면서 물론 농담이긴 했겠지만 시보다도 오히려 뒤에 있는 평설이 훨씬 좋더라는 말을 여러 번 들었다고 웃으면서 말하며 꽤 만족스러워했다.

그해 말쯤이었다. 그때 나는 문협 부이사장으로서 이사장 출마를 준비하고 있을 때였다. 여의도에서 한번 만나자는 것이었다. 만나고 보니 전국 단위로 선거를 치르려면 아무래도 선거비용이 좀 필요치 않겠느냐며 그 당시로 봐 제법 큰 액수에 해당할 수 있는 봉투를 건네주며 격려도 해주었다. 정말 고마운 일이 아닐 수 없었다. 본인이 수차례 선거를 치러봤기에 남의 사정을 미리 헤아려본 깊은 뜻의 배려요, 호의였다고나 할까.

또 있다. 1999년도에는 생전에 제정한 1회 설송문학대상을 주기도 했다. 그때 아예 포구가 된 기념 휘호도 받았는데 글귀가 "心如碧海能容物/ 人似淸蓮不染塵"이란 내용이라 그 뜻이 가히 좌우명을 삼을 만도 해서 지금 나의 서재에 걸어두고 있는데, 이는 나의 정년기념 문집에도 들어가 있다. 설송은 사실 역대 정치인 중에서 손에 꼽히는 1급의 서예가여서 그것은 귀한 선물이 아닐 수 없다.

이 설송문학상을 국회의원 현직에 있을 때에는 서울에서 시상했으나 은퇴 후에는 부산에서 했다. 타계한 그해 2005년도부터 돌아가신 분의 상을 내가 제1회로 수상했다고 하여 연이어 네 번이나 심사위원장을 맡기도 했다. 심사위원은 평론가 김용태, 시조시인 김상훈, 시인 양장용, 소설가 강인수 제씨였다.

그분은 내가 아는 분 중에서 가장 입지전적인 인물 중의 한 분이다. 일제강점기에 초등학교 교원시험에 전국 최연소자로 불과 14세에 합격하여 교원의 길로 들어선 이후 시인, 서예인, 정치인, 다도인 등 실로 1인 다역(多役)의 삶을 살다 갔으니 원도 한도 없으리라 본다. 곳곳에 시비와 다도(茶道)비가 세워져 있으니 그것을 보는 사람들은 다시 한 번 그의 삶을 생각하게 될 것이다.

『공룡무공화국』이라는 그 시집의 갈피갈피에는 그동안 우리가 겪어온 역대 정권의 정치현실에 대한 통한이 실로 가슴 저미는 눈물로 아로새겨져 있다. 그러면서도 앞으로 좋은 날이 오기를 기도하듯 간절히 소망하고 있는데, 바로 그런 세상이 빨리 왔으면 하는 마음 나도 간절하다. 그날이 바로 '설송(雪松)'이라는 아호에 진정 순백의 '눈꽃'이 피는 날이 되기도 할 것이다.

8. 글로써 많은 인연 맺은 소설가 곽학송

 평론가로서 작가들과 글로써 맺어진 인연이라면, 자의적으로 작가론이나 작품론을 쓴 경우나 월평으로 맺어진 경우가 있다면, 다른 하나는 청탁에 의해 맺어지는 경우다.
 사실 곽학송 소설가와 나와의 인연은 월평을 제외하곤 모두 후자의 경우다. 꼭 네 번의 인연이 있었기에 많다면 많은 인연이 아닌가 싶다.
 첫 번째는 1967년도에 나온 신구문화사 간 전 10권의 『현대문학전집』에서였는데, 해설편에 쓴 작가론 '곽학송론'이었다. 두 번째는 1973년도에 나온 『한국문학대사전』의 인명편에 기명으로 쓴 '곽학송' 기사다. 세 번째는 1978년도 간인 삼성출판사의 『삼성판·문학전집』에서 다시 '곽학송론'을 썼다. 네 번째는 계몽사의 전집 『우리 시대의 한국문학』에서 작품론을 썼다.
 말하자면 첫 번째 글로써 인연이 있고부터는 편집자의 직접적 요청이 되었건 아니면 당해 작가의 간접적 요청이 있었건, 곽학송에 관한 한 거의 내가 전담해온 형국이 되었다.
 곽학송 소설가는 1927년생으로 65세였던 1992년도에 떠났다.

평북 정주 출신으로 1945년에 용산 철도고등학교를 거쳐 서라벌예대 문창과를 졸업(1950년)했다. 철도국에서 약 13년간 근무했는데, 뒤에 이런 경험을 바탕 삼아 장편 『철로』를 쓰기도 했다. 이 작품은 6·25사변이 발발한 날부터 수복된 직후까지 약 100여 일 동안에 수색역에서 근무하던 한 평범한 철도 전신원이 겪는 이야기다.

문단 데뷔는 1953년도 〈문예〉지의 추천으로서이며, 한국문인협회 소설분과 위원장, 부이사장 그리고 한국소설가협회 대표위원을 역임했다.

곽 작가와 나의 첫 만남은 1970년대 초 소설분과 위원장 시절이었다. 작가론을 이미 한 번 쓴 평론가와의 만남이니 퍽 반가워했다.

그 후 더욱 절친해질 수 있었던 때는 1980년대 초반부터였다. 그가 문협 부이사장으로 있을 때인데, 마침 〈월간문학〉지에 월평을 내가 자주 쓰다 보니 문협 사무실에 역시 더러 드나들게 되었다. 그때 서로 자주 만날 수 있는 기회가 있었다. 이때에는 본인에 관해 이미 세 번이나 글을 써준 때이니 어찌 반갑고 또 어찌 고맙지 않았겠으랴 싶다.

그분의 취미는 낚시였다. 그 당시 우리 문인들 중에서는 제1급 낚시꾼이었는데 오로지 저수지 낚시 전문가였다. 한 저수지만 30년을 다니고 있다 했다.

그래서 그를 따라 낚시 동행을 두세 번 한 적이 있는데 초보인 나는 그로부터 많은 낚시 요령을 배우기도 했다. 한번은 "소 뒷걸음 치다 쥐 잡는다"라는 말이 있듯 초보 치고는 월척 붕어를 낚았는데, 그도 놀라고 나도 놀란 일이 있다.

그의 이런 낚시 취미생활은 곧 작품과도 연결되었다. 이른바 상당수의 '낚시소설'을 남기기도 했다. 가령 내가 직접 언급해본 작품에도 「放魚」와 「낚시와 전쟁」이 있었다. 계몽사 간 『우리 시대의 한국문학』에 수록되어 있는 「放魚」에는 낚시터에 동행한 친구가 옆에서 작중 화자인 '나'에게 들려주는 기구한 팔자의 콜걸 이야기였다. 그리고 「낚시와 전쟁」은 1980년대 월평에서 언급해본 작품인데, 낚시하는 과정에서 낚시 중인 주인공이 문득 전쟁의 기억이 되살아나 자기가 구사일생으로 살아남게 된 과정을 동행한 낚시꾼에게 서술해주고 있는 내용이다.

여기서 보듯 대체로 그의 '낚시소설'은 두 명의 동행이 있고, 이 동행인 중의 한 사람이 낚시를 하면서 지난 일들을 회고하거나 회상하는 형식을 취하고 있는 것이 특징이다.

그리고 한때 그는 철저한 반공주의 작가였다. 그러면서 역시 실향민인 자기 입장에서 수많은 실향민의 아픔과 설움을 대변해주기도 했다. 또한 작중 인물이 어떠한 상황 하에 놓여 있다 할지라도 최소한 인간의 인간다움에 긍정과 신뢰를 잃지 않으려 노력하는 작가정신을 보였다. 특히 이런 점을 내 자신도 이 작가의 '소박한 인간본성의 휴머니즘의 발로'라고 정의한 바 있다.

또 1960년대에는 많은 시나리오를 익명 또는 가명으로 발표하기도 했으며, 추리소설을 쓴 바도 있다.

그는 나보다는 11살 위이고 또 문단으로 보면 8년 선배였다. 만남의 횟수로 보아 호형호제할 수도 있는 사이인데도 그는 나를 늘 "이형!" 하고 불렀다. 낚시가 평생 취미여서 오늘도 '하늘나라의 못 가'에서 낚싯줄을 드리우고 있겠지 않나 싶다. 그리고 이제는 혼령이나마 두고 온 이북 고향 땅을 자주 오가리라 본다.

9. 더없이 좋은 사람, 박재삼 시인

 1950년대와 1960년대쯤 지방에 있는 문학도로서는 아무런 연고 없이 〈현대문학〉지의 추천을 받는다는 것은 가히 하늘의 별 따기였다.

 그런데 운이 따랐던지 나는 1961년도에 불과 두 달 간격으로 2회 추천완료를 받아 평단에 데뷔했다. 대학생 신분으로서 평론가가 되었으니 서울행 차비와 인사비용이 버거워 다만 글로써 신인 평론가로서 입지 다지기나 열심히 해두어야겠다는 생각에서 계속 글만 발표해 보았다.

 그리고 데뷔 1년 후인 겨울방학을 이용해 처음으로 인사차 현대문학사에 가 보았다. 서울 지리를 잘 몰라서 맨 먼저 진주 출신으로서 내 삼촌의 친구인 최근덕 선배(현 성균관 관장)가 근무하던 '신태양사'로 찾아갔다. 〈현대문학〉사가 들어 있는 효제동의 '대한교과서 주식회사'의 위치를 알아냈다.

 〈현대문학〉사에 들어서 보니 나의 추천인인 조연현 주간 선생은 보이지 않고 편집장이셨던 오영수 선생과 박재삼 씨가 있었다. 부산에서 올라왔다고 내 소개를 하자 반갑게 맞이해주었다. 조

선생은 재건국민운동 본부의 연사로서 지방에 내려갔다는 것이다.

퇴근 시간이 되자 박재삼 씨가 같이 나가자는 것이다. 생각건대 그가 삼천포 출신이고 내가 진주 쪽 사람이다 보니 같은 서부경남 출신으로서 친근감을 느꼈지 않았나 싶다. 회사 근처 어느 목로집에서 뒤에 숭실대 총장을 지낸 시인 이중(李中) 씨를 만나기로 했다면서 나를 끌고 가는 것이다. 그곳에 가보니 이미 이중 씨가 와서 막걸리를 마시고 있는지라 같은 자리에 앉아 인사를 나누고 나도 한두 사발 마셨다. 그러고 나서 그와 나는 또 명동으로 갔다. 탤런트 최불암 씨의 어머니가 경영하던 주점 '은성'에서 '명동백작'으로 통하던 작가 이봉구 선생에게서 원고를 건네받아야 한다는 것이다.

그래서 우리는 또 거기서 막걸리를 마셨다. 술이 거나해진 재삼 형은 나보고 잘 곳이 마땅찮으면 자기 집으로 한사코 가자는 것이다. 집 부근에 와서 또 3차까지 하고 12시에야 일어섰다. 그는 당시 결혼한 지 6개월여 정도로 신혼살림을 하고 있는 중이었다. 귀한 손님이 왔다면서 신부를 옆방으로 내몰고 그와 내가 신방을 차지했는데, 나는 비록 술이 만취가 되긴 했지만 속으로 미안하기 짝이 없었다.

이튿날 아침을 같이 먹고 10시쯤에 〈현대문학사〉에 도착했다. 조연현 선생이 이미 나와 있기에 인사를 드리고 이런저런 이야기를 나누다 보니 점심시간이 되어서 식사를 함께 한 후 부산행 열차를 탔다.

그러고 보면 박재삼은 문단 초년병의 서울 첫 출행에 술과 잠자리까지 제공해 주었으니 참으로 정이 많은 사람이란 인상도 심어 주었다. 이것이 박재삼과 나의 첫 만남의 인연이다.

그리고 두 번째는 그로부터 2년 후 그러니까 1964년도 대학을 졸업하고 내가 월간 〈세대〉사에 근무하기 위해 상경했을 때다.

그 당시 나는 금호동 로터리 부근에서 하숙을 하고 있었다. 그는 나의 하숙집에서 좀 떨어진 언덕배기에 있는 조그만 전셋집에서 살았다. 같은 동네에 살고 있는지라 아침저녁으로 자주 만날 수 있었고, 또 간혹 일요일이면 어린 딸을 안고 나의 하숙집을 들르곤 했다. 이유가 있었다. 그 당시 개인 집에 전화를 놓고 있는 집이 그렇게 많지를 않았다. 이른바 '백색전화' 시대였다. 그 뒤 값싸게 이용하고 반납하는 '청색전화'가 나와 차츰 일반 가정에서도 이용하기 시작했지만 그 당시로 봐서 중산층에서는 그 전화가 가히 재산가치 1호 정도는 되는 시대였다. 아무나 전화를 놓고 살 수 없는 처지였다. 그러나 나는 잡지사에서 가설해 준 덕분에 전화가 있었다.

그래서 간혹 전화를 걸 일이 있으면 들르곤 했는데 그럴 때 특별한 일이 없다면 하숙집에 뒹굴고 있지 말고 자기 집에 가서 바둑이나 두든지 아니면 술이나 마시자는 것이다. 나는 여러 번 그의 집에서 그런 대접도 받았다.

그에게 이런 신세, 저런 신세를 진 처지라 한참 세월이 흘러 그가 병고에 시달릴 때 지난날 신세 진 빚을 갚는 기분으로 한사코 뿌리치긴 했지만 약값 겸 용돈을 포켓에 찔러주어 보기도 했고,

또 어울려 술을 마시다 귀가할 때면 택시를 잡아 요금을 치러주는 호의도 보여주었다.

그러나 이보다 더 큰 일은 비평가로서 그에 관한 평론을 쓰는 일일 것이다. 1994년도 〈서평문화〉 제15집에 비록 청탁원고이긴 하지만 「동양정신에서 본 자연과 인생의식」이라는 제목으로 '박재삼론'을 쓴 적도 있다.

아무튼 그는 더없이 좋은 사람이다. 무법호인이요, 무골호인이다. 살아서건 죽어서건 그를 욕하는 사람은 한 사람도 만난 적이 없다

이런 그는 필시 천당이나 극락세계에 가 있을 듯하다. 오늘도 어느 길목 어느 주막에서 그가 좋아하던 막걸리를 그곳의 문우들과 어울려 마시며, 야박해지고 영악해져가는 오늘의 문단 인심 소식을 듣고는 "우째 그런 일이……"라고 되뇌며 혀를 끌끌 하고 있을 듯싶다.

아니면 거나한 기분에 평소의 버릇대로 두 손을 배꼽 위에 모아 약간은 들뜬 고음으로 "울려고 내가 왔던가 웃으려고 왔던가/ 비린내 나는 부둣가엔 이슬 맺은 백일홍……"으로 시작되는 그의 애창곡 고운봉의 노래 '선창'을 한 곡조쯤 뽑아 올리고 있을지도 모르겠다.

10. 두 번이나 시상식에 같이 서본 유경환 시인

유경환 시인이 떠난 지도 어느덧 4년이 되었다. 1936년생으로 갓 70세는 넘기고 2007년도에 타계했으니 그렇게 원통하지는 않다 싶다.

평소 성격이 내성적이다 보니 말수가 그리 많지 않았다. 어떻게 보면 그의 절친한 친구 정공채 시인이 황소 같았다면 그는 양이었다. 술도 예의상 한두 잔인데 활달한 성격에다 술도 주거니 받거니 할 수만 있었다면, 우리는 친형제 이상이 되었을 것이다.

생활인으로서 그의 직장생활은 〈사상계〉지 기자와 편집부장을 거쳐 조선일보 문화부장, 논설위원을 지냈고, 그 다음은 문화일보 편집국장 직무대리와 논설위원장을 역임하고 완전히 언론계를 떠났다. 대신 대학으로 나가서는 연세대에서 언론학을 가르치고 또 그 다음은 추계예대에서 문예창작을 지도했다.

시인으로서 문단 데뷔는 〈현대문학〉을 통해서이고, 1958년도에 은사 박두진 선생으로부터 추천완료를 받았다.

내가 그를 처음 만난 것은 1965년도였다. 문덕수 씨가 주간을 맡고 있던 〈시문학〉지 (청운출판사)에서 청탁이 왔다. '신작품 비평'이라는 란이 있었는데 창간호 다음 호인 제2호에 유경환의 작품이 소개될 예정인데, 작품 비평을 써주면 좋겠다는 청이었다. 즉석에서 좋다고 했더니 그러면 시 원고를 전달도 할 겸 우리 세 사람이 한번 만나면 좋겠다 하여 서로 약속한 날에 만났다. 종로 2가 〈사상계〉사가 들어 있던 한청빌딩 부근 다방에서였다. 그는 그 당시 〈사상계〉지 편집부장으로 있었고, 나는 〈세대〉사 기자로 있었기에 무언으로 같은 종합지에 있다는 동료의식 같은 것을 느꼈다. 이 일로 그가 〈사상계〉지 사장 장준하 선생과는 동서지간이 된다는 것을 처음 알게도 되었다.

 그와 문학상 수상의 첫 인연은 1971년도 '현대문학상'인데 그는 시로, 나는 평론으로 각각 수상을 하게 되었다. 지금도 기억에 남아 있는 일은 시상식이 끝나고 수상자 각자가 각자의 하객들만 모아 '끼리끼리 접대'를 하는 관행을 깨보았던 일이다. 친소의 범위에서만 차이가 있을 뿐 다 같은 하객 문인들인데 내가 제안하여 우리는 공동으로 접대를 했고 또 칭찬도 들었다.

 그 다음 1980년대에는 그가 동인으로 참여했던 '시인회의' 낭송회에서 나는 초청객으로 참여해 그와 여러 번 만났다. 이것이 계기가 되어 1986년도에 출간된 그의 중기 시집 『겨울 오솔길』에 대한 평설 부탁이 간접으로 들어왔다. 출판사 〈문학세계〉 사장 시인 김종해 씨로부터였다. 평설을 누구에게 부탁하면 좋겠느냐 했더니 이유식 교수와 상의해보라 했다는 것이다. 기꺼이 받아 써 주었다.

 이 시집은 그가 데뷔한 이후 30여 년이 흐른 시기의 시집이라 우선 그 이전의 시 세계와 비교해보니 확연한 어떤 변화가 있었다. 전에 자주 보이던 '외치는 시', '감정 노출의 시' 또 사회에 대한 '분노의 감정'도 사라지고 대신 '사랑'과 '연민'의 정신이 이 시집을 지배하고 있다고 하면서 앞으로 그의 시의 향방도 점쳐보았다. 그 뒤 그의 시작 활동을 보니 나의 예감이 맞아떨어지고 있구나 싶어 내심 만족감을 느끼기도 했다.

그와 나 사이는 한마디로 이런 일 저런 일로 거의 평생을 수시로 얼굴을 대하며 살아왔다. 특히 그는 1990년대 후반부터는 매년 여름에 열리는 〈수필문학〉지의 세미나에도 자주 참석했는데, 나 역시 세미나 주제 발표자나 아니면 좌장으로 거의 매년 참여하다 보니 다시금 옛정을 나눌 수도 있었다. 역시 이런 관심이 있었기에 여러 권의 수필집도 상재했다.

인연은 또 있다. 이제는 두 번째 수상의 인연인데, 2002년도에 그도 나도 한국문인협회의 상인 '한국문학상'을 같이 받게 되었다. 그 수상소감에서 나는 이렇게 끝말을 남기기도 했다. "끝으로 사족 같은 말씀을 드린다면, 오늘 수상자 중의 한 분인 유경환 님과는 우연의 일치이긴 하지만, 같은 상을 같은 해에 두 번이나 함께 받게 되는 인연이 있기에 참 묘하다는 생각도 해보고 있습니다. 근 30여 년 전에 '현대문학상'도 같이 탄 적이 있는데, 오늘 또 이 수상의 자리에 같이 서게 되었으니 우리는 앞으로 서로 격려하며 더욱 좋은 글을 쓰도록 노력하겠습니다"라고 그 인연의 감회를 언급해기도 했던 것이다.

그런데 그는 나보다 일찍 떠났다. 나의 정년기념 문집에 「늘 정이 넘치는 안경 너머의 눈길」이라는 인물평을 남겨두고 떠났다.

그는 아동문학가로서 수많은 동시집도 냈고, 또 앞에서 말했듯 수필집은 물론 시집을 무려 14권이나 냈다. 그가 나에게 보여준 시집을 대충 챙겨 보니『감정지도』,『산노을』,『흑태양』,『古典의 눈밭에서』,『이 작은 나의 새는』등이 있다.

이 시집 저 시집을 손으로 만져보며 지난날을 떠올려 보기도 하고, 또 그의 체취를 다시금 느껴보기도 한다.

끝으로 한 가지 사족을 붙인다면, 그는 군대 훈령병 시절, 나의 진주고 동기동창이며 지금 시인으로 활동하고 있는 성종화 시인을 대전 병참학교에서 만나 큰 덕을 보기도 했다. 그들은 고교 시절〈학원〉지를 통해 학생 문사로 활동했기에 서로 이름을 아는 지라, 마침 나의 친구가 훈련병 부대 배속 분류업무를 맡고 있었기에 그를 육군본부 병참감실로 보내주었다 했다. 그가 떠난 후 어느 자리에서 들은 이야기인데, 그 자리에서 나의 친구나 나나 우리는 모두 그의 죽음을 못내 아쉬워했다.

11. 동병상련의 신동엽 시인

신동엽 시인이 짧은 생애를 마감하고 떠난 지 벌써 40년이 좀 넘었다. 그는 나보다는 8살 위이고, 문단 데뷔는 2년 앞이다.

몇 번 만난 그의 인상은 전형적인 충청도 샌님 같고 과묵형에 속했다. 사귀는 문인들도 그렇게 많거나 폭이 넓지 않았다. 물론 성격 탓도 있었겠지만 문맥과 학맥으로 봐서도 그럴 수밖에 없었지 않았나 싶다. 1959년도 조선일보 신춘문예 출신이니까 출신지면의 문맥들이 소수로 한정되어 있을 뿐만 아니라 서라벌 예대나 동국대 출신에 비해 그는 단국대 사학과 출신이라 상대적으로 학맥의 문단 친구들도 적을 수밖에 없었다. 몇몇 절친한 문우들이나 아니면 그가 관심을 가졌던 시극(詩劇) 동인들이 고작이었다. 1961년도에 명성여고 야간부 교사가 되어 간암으로 돌아갈 때까지 그 학교에 봉직했다.

이런 그를 내가 만나 서로 허심탄회하게 마음을 터놓고 또 문학적 공감대가 형성된 것은 1965년도 말경이었다. 물론 그 이전에도 한두 번 만난 적은 있었지만 그것은 스쳐가는 듯한 인사치레의 만남이었을 뿐이었다.

어느 토요일 오후 나는 다른 문인과 약속이 있어 그 당시 문인들의 모임 장소의 하나였던 광화문 '월계다방'으로 갔다. 역시 그도 단골 다방이라 나와 있었다. 용건을 끝내고 그와 합석했다. 그 자리에서의 만남은 더욱 반가울 수밖에 없는 사정이 있었다. 그 당시 '주간한국'에서는 한 달에 한 번씩 '이달의 문제작'이라 해서 시나 소설을 두고 합평하는 기획이 있었다. 평론가 신동한 기자가 담당하고 있었고, 단골 합평 평론가는 김현, 염무웅, 박철희, 이유식 같은 신진평론가들이었다. 많은 문인들이 매우 관심을 가질 만한 기획이었다.

바로 한두 달 전에 그의 시를 내가 추천하여 합평회의 대상작품으로 올렸고 동시에 내가 그 작품을 많이 언급해준 바도 있었다.

그러기에 우린 서로 더욱 반가웠고 곧 바로 광화문 뒷골목의 선술집으로 갔다. 그는 평소 문인들과 어울리는 술자리를 좋아했고, 나 역시 평론가였지만 문인 흉내를 낸다고 술 마시기 예행연습을 하고 있을 때다 보니 주거니 받거니 하며 많은 이야기도 역시 주고받았다. 시간이 꽤 흘렀고 내가 하숙생활을 하고 있는 처지를 알고 있는지라 자기 집으로 가서 한잔 더 하자는 것이다. 쓸쓸한 하숙집보다야 낫다 싶어 따라 나섰다. 돈암동 한옥에 살고 있었는데 뒤에 짚풀 공예가로 이름이 알려진 부인 인병선 여사가 부지런히 시중을 들어주었다. 어쩌면 그 당시 그나 나나 말하자면 '고독한 영웅들'로서 동병상련의 술자리나 다름없었다. 내 자신도 부산에서 올라온 지 1년 남짓하니 문단적 동지가 거의 없는 사정이다 보니 동류의식의 친근감에다 또 그가 모 문학지에 연재하던 '시인 정신론'이나 그간 내가 발표했던 시론도 시인의 현실 참여와 관련이 있었기에 공감대가 있어 많은 이야기도 주고받았다. 밤을 새고 나오면서 그의 시집 『아사녀』(1963)도 선물 받았다.

그 후 얼마 있지 않아 나는 부산으로 다시 내려와 고교 교사생활을 했는데 1967년도 나온 그의 장편 서사시 『금강』을 보내주었고 그리고 2년 후 영원한 이별을 하게 되었다.

그가 떠난 지 22년이 되던 해인 1991년도에 한국예술평론가협회에서 내고 있던 반연간지 〈예술평론〉의 편집을 맡고 있던 평론가 최일수 선배께서 자기가 1966년도에 명동 국립극장에서 연출했던 신시인의 시극 「그 입술에 파인 그늘」에 대해 작품평을 써주면 좋겠다는 청이 온 적이 있다. 고인에 대한 우정도 생각나 정성껏 써주었던 기억이 새롭다.

이 작품 중의 끝에 가서 "이 작품은 공연 당시나 지금이나 그 주제성의 시효는 살아 있다. (중략) 외세의 힘이 아닌 자주통일이 우리의 민족사적 과제인 만큼 이 시극은 '민족시극'으로서도 그 의미가 있다 하겠다"고 결론지었다.

그는 문단 데뷔 만 10년 만에 그리고 만 39세에 작고했는데, 만약 그가 저세상에서 나의 이 작품론을 보았다면 여전히 숫총각 같은 미소를 띠었으리라 본다.

12. 비평의 이심전심, 평론가 김현

평론가 김현이 1990년에 이 세상을 떠났으니 그때 그의 나이 48세였고, 벌써 20여 년이 흘렀다. 생전에 비평 활동이 매우 왕성해 일찍부터 평단의 주목을 받았고, 또 어떤 문학적 이념에도 함몰되지 않으면서 문학의 문학성이나 예술성을 지키고 옹호하는 데 크게 이바지했다.

그는 연소한 나이에 매우 일찍 문단에 나왔는데 1962년도에 「나르시스의 詩論」으로 〈자유문학〉을 통해 데뷔했다. 기록상의 출생연도를 보면 1942년생이니 서울대 불문과 재학 중이었던 20세에 데뷔했던 것이다. 나이로는 나보다는 네 살 아래이고 문단은 1년 후배였지만 무엇보다도 서로 학생평론가로 데뷔했다는 사실과 비평 지향점이 엇비슷한 데가 있어 평소 각별히 지냈다.

내가 그를 처음 만난 것은 1964년도다. 그가 〈세대〉지에 「존재의 탐구로서의 언어」라는 평론을 발표한 것이 계기가 되어 신진 평론가로서의 동류의식에서 자연 가깝게 지냈다. 그 후 〈주간한국〉에서 매달 한 번씩 기획했던 '이달의 문제작' 합평회에서 자주 만날 수 있어 더욱 친숙해졌다.

그는 호남형이라 모가 나지 않는 원만한 성품이었고 어딘가 모르게 귀공자 티도 났다. 진도 출신으로 아버지가 목포에서 약국을 경영하며 소·도매업까지 겸하고 있어서 그런지 돈에 궁색치 않아 만나는 선후배나 동료 문인들에게 술 인심이 후했다.

1967년도 겨울방학이라고 기억된다. 서울에서 부산으로 내려가 교사생활을 할 때인데, 서울에 볼일이 있어 왔다가 마침 1966년도에 나온 신구문화사판 『현대한국문학전집』에 작가론과 작품론을 쓴 인연도 있고 해서 그 당시 그 출판사의 편집원으로 있던 평론가 염무웅에게 전화를 해보았다. 마침 잘되었다 하며 저녁 퇴근 시간에 청진동에 있는 그들의 단골 음식점에서 김현을 만나기로 되어 있다며 그곳으로 나오라는 것이다. 가서 보니 벌써 여러 사람들이 일찍 와서 어울리고 있었다. 면면을 보니 모두가 20대 후반의 서울대 출신 또래의 젊은 문인들이었다. 김현, 염무웅은 물론 신구문화사에서 같이 일하고 있는 평론가 김치수, 그리고 작가 이청준과 박태순도 와 있었다. 인사를 나누고 우리는 주거니 받거니 술잔을 돌리며 활화산처럼 타오르는 젊음의 문학 열정을 불태우기도 했다.

그런데 역시 이날의 계산도 김현이 치렀다. 동석한 염무웅, 김치수, 이청준, 박태순에 비해 상대적으로 호주머니 사정이 넉넉했기 때문이다.

그러고서 상당한 세월이 흘렀다. 물론 다시 서울생활이 시작되면서 한두 차례 가볍게 만나긴 했으나 서로 거의 잊고 지내고 있을 무렵인 1981년도에 느닷없는 전화가 왔다. 마침 자기가 '소설의 구조'에 관한 글을 구상하고 있는데 문득 나의 글이 생각나더라는 것이다. 오래전에 〈현대문학〉지에 연재했던 나의 소설평론을 읽었는데 이러이러한 내용의 글이란 것만 기억나고, 몇 년도이며 무슨 제목인지 기억이 나지 않는다는 전화였다. 엉겁결에 받은 전화라 나도 정확히 기억은 못하고 있어 잠시 전화를 끊고 작품발표 목록을 보고서야 1970년도 〈현대문학〉 8월호에 실린 「한국 소설의 모두·종지부론」이라고 일러주었다. 그 뒤 그가 쓴 글이 1981년도 〈세계의 문학〉 겨울호에 발표되었고 또 그 뒤 방송통신대 강의용 교재 『문학의 이해』에도 실렸으니 나로서는 아주 기쁜 일이 아닐 수 없었다. 외국의 소설구조이론가들의 이론과 함께 극히 일부분이긴 하지만 국내의 이론으로서 나의 글이 유일하게 구조이론으로 요약·소개되어 있으니 매우 고마운 일이 아닐 수 없었다.

말하자면 이런 일들은 그와 나 사이에 보이지 않은 끈끈한 비평적 교감이 있었고, 또 그가 지향하고 있는 비평 방향이나 세계가 나와는 알게 모르게 이심전심 통하고 있었던 증거라고 스스로 해석해 보기도 했다.

그러나 지금 생각해 보면 그와 나 사이에는 아쉬운 점이 하나 있다. 다른 장르보다 월등히 평론가로의 진출이 많아 평론계의 주체세력이나 다름없었던 서울대 출신 평론가들이 학연의 친소관계로 끼리끼리 모이고만 있을 때 지방대 출신인 나는 은연중 소외감을 느꼈던 게 사실은 솔직한 고백이다.

그가 더 오래 살아 줄곧 활동했더라면 '끼리끼리의 모임'을 떠나 우린 필시 손을 잡을 기회가 있었지 않았나 싶기도 해 그런 점이 못내 아쉽고 아쉽다. 그러나 얼마 전(2011년 10월) 개관된 목포문학관에 다른 문인과 함께 그의 전시관이 한 자리를 차지하고 있다니 친구로서 더욱 기쁜 일이 아닐 수 없다.

13. 수필 장르의 최초 로비스트, 수필가 박연구

　수필가 박연구의 첫 수필집 『바보네 가게』는 1973년도에 나왔다. 얼마지 않아 어느 자리에서 직접 책을 전해주면서 서점가에서 꽤 쏠쏠히 팔리고 있다며 제목 덕도 한몫한 것 같다고 싱긋 웃던 모습이 우선 떠오른다.

　그는 오로지 수필을 위해 태어난 사람이었다. 1963년에 월간 〈신세계〉지에 제1회 수필 신인작품상에 당선된 이래 줄곧 평생을 수필을 위해 살았다. 이렇다 할 직장도 갖지 않은 채 1970년에는 〈현대수필〉이란 동인지의 주간을 맡은 것을 시발로 1972년에는 월간 〈수필문학〉 주간, 그 다음은 계간 〈한국수필〉 편집인 또 그 다음은 계간 〈수필공원〉 주간을 장기간 맡고 있다가 말년에는 제호를 〈에세이문학〉으로 바꿔 발행인 겸 주간으로 있었다.

　그는 이렇게 평생을 수필 잡지에 종사하면서 또 한편 수필 장르의 진흥을 위해서도 혼신의 힘을 다해 로비스트 겸 전도사 역할을 기꺼이 담당했다.

　내가 그를 처음 만난 것은 바로 1970년대 초다. 물론 그 이전에 한두 번 옷깃이 스치듯 건성으로 인사를 나눈 적은 있다. 1971년도

〈현대문학〉 11월호에서 '문단에 바란다'라는 제목으로 각 장르별로 그 진단과 바람사항을 내보낸 적이 있는데, 마침 수필 장르에 대한 청탁이 있어 「수필문학 중흥의 길」이라는 글을 쓴 바 있다. 이 글에서 나는 수필직단의 현황을 가볍게 진단하면서 수필이 이제는 '여기(餘技)의 글'이 아니라 본격적인 글이 되어야만 하고 또 그래야만 '외면시' 당하고 있는 수필의 위상을 높임은 물론 '서자시' 취급에서도 다른 장르처럼 당당한 장르적 대접을 받을 수 있다고 썼다.

이 글이 발표된 바로 그 이듬해 정초인데 그는 나의 학원으로 직접 찾아왔다. 다른 용건이 있어서가 아니라 그 글을 읽었는데 수필계를 위한 채찍과 격려가 고맙다는 단순한 인사차였다. 처음에는 '이 사람 참 싱겁구나' 하고 여겼는데 이것이 앞으로 더욱 수필에 관해 각별한 관심을 가져달라는 로비였다는 것을 나중에 알게 되었다. 그 당시 그는 수필문학의 중흥을 위한 일이라면 그 어디건 찾아다니며 전도사 역할을 했던 것이다. 그날 이야기 자리에서 우리는 수필에 관해 제법 많은 이야기를 주고받았다. 내 자신도 평론가라서 가장 쉽게 접근할 수 있는 장르가 바로 수필이라 깊은 관심도 있고, 또 한편 비록 지방지이긴 하지만 부산 국제신보에 약 20여 회 연재 수필도 쓴 경험이 있다고 하자 천군만마를 만난 듯 매우 기뻐했다.

사실 1970년대 초반만 해도 문학지에 수필 추천제는 아예 없었고 또 문협 가입 회원 수도 불과 20여 명 안팎인 열세 중 열세 장르이다 보니 귀한 동지를 만났구나 하는 흐뭇함이었으리라 본다.

수필계의 상황이 그 당시 이런 정도였으니 그는 1973년도에 문협 이사장이었던 조연현 선생에게 가히 '1인 시위'를 하듯 간곡한 청을 넣어 처음으로 〈월간문학〉 신인작품 모집에 수필 장르를 넣게 했던 것이다. 그리고 비록 그 제도가 단명으로 끝나긴 했지만 역시 조연현 선생이 주간으로 있던 〈현대문학〉에서도 1976년도부터 수필 신인 추천제도를 도입하게 되었는데, 여기에도 알게 모르게 그의 노력이 있었던 것이다. 그 제1회 데뷔 수필가가 바로 정목일이기도 하다.

이런 일을 노상 업인 양 하고 다녔던 박연구 씨와 나의 만남은 어떻게 보면 나에게도 큰 덕이 되었다. 1975년도에 범조사에서 수필 전집 형태로 처음으로 『한국수필대전집』 20권이 나왔는데, 그 편집 일을 그가 돕고 있을 때 나에게도 수필 작품들이 더러 있다는 것을 알게 되었는지라 10여 편 동참할 수 있는 기회를 주었다. 또 1984년도 나온 금성사에서 내보낸 전 61권으로 된 『현대한국수상록』에도 수록 필자로 챙겨주었다.

그는 1934년생이다. 나이는 나보다 4살 위인데 문단은 내가 선배였다. 우리는 이런저런 일로 그렇게 막역한 사이는 아니었지만 '수필동지'로서 친구처럼 지냈다. 깡마르고 가냘프게 생겨 바람만 세게 불어도 금방 날아갈 것처럼 보였고, 또 때론 나사가 하나 빠진 듯 멍해 보이기도 했으며 게다가 사흘에 피죽 한 그릇도 못 얻어먹은 사람처럼 힘도 없어 보였다.

그런 그가 그나마 69세를 일기로 2003년도에 타계했으니 생각보다는 장수했다고들 했다. 아마도 자나 깨나 수필에 대한 열정이 그 정도라도 지탱해주지 않았나 싶다. 수필 중흥을 위한 그의 일념이 어언 40년이 지나고 꽤 이제는 활짝 꽃을 피우고 있다 싶으니 실로 금석지감(今昔之感)이 든다.

나 또한 그동안 이런 글 저런 글을 써 오면서 때론 수필비평가로서 또 수필가로서도 조그마한 밭을 가꾸어 왔으니 그도 분명 저세상에서 기뻐하리라 본다. 수필집 8권에다 이번에 내보내는 이런 인물에세이집 그리고 작가론이나 작품집 평은 제치더라도 수필 이론서도 1권 냈으니 더더욱 기뻐할 것이다.

14. 호인이라 적(敵)이 없었던 소설가 유재용

　소설가 유재용은 1936년생으로 2009년도에 73세를 일기로 이 세상을 떠났다.
　그는 강원도 금화 출신인데 최종 학력이 균명고교 졸업이다. 졸업 후 10년간 투병생활을 하며 꼼짝 않고 드러누워 많은 문학작품을 읽으며 작가의 꿈을 키웠다. 동화로서는 1960년대 중반에 데뷔했으나 작가로서 출발은 1968년도 문공부 신인예술상에 「손 이야기」가 당선되고부터이고 또 그 이듬해에는 〈현대문학〉지에 「商地帶」로 추천을 받기도 했다.
　그는 말이 좀 어눌한 듯하지만 착한 사람이었다. 젊은 시절의 허리병 후유증으로 평소에 걸음걸이가 좀 부자연스러워 보이기도 했다.
　그와 내가 처음으로 만날 수 있었던 시기는 1970년대 초쯤이었다. 그는 신인으로서 등단지인 〈현대문학〉지에 출입하면서 비슷한 시기에 데뷔한 작가인 동시에 그 등단지의 편집기자였던 김국태와 잘 어울려 술집 출행을 더러 하고 있었다.
　나 역시 원고 전달 관계로 더러 출입을 하다 보니 자연스럽게 종종 그들과 어울리게도 되었다. 단골 술집은 〈현대문학〉 필자들의 단골 술집이다시피 되어 있던 '항아리' 집이었다. 주로 작가들이 이용했던 곳인데 비슷한 세대로는 전상국, 김원일, 김문수, 김용운 등도 자주 얼굴을 내보이고도 있었다.

어느 토요일 저녁이었다. 유재용과 전상국, 김원일, 김국태 그리고 내가 그 '항아리' 집에서 서로 마음 놓고 술을 주거니 받거니 하다 보니 통금시간이 다 되어 꼼짝없이 우리는 큰 여관방 하나에서 하룻밤 신세를 지지 않을 수 없었다. 이러는 가운데서 그와 나 사이의 문정(文情)도 깊어갔다.

뿐만 아니라 나는 그 당시 이들 외에도 '항아리' 집에 자주 드나들던 30대 전후의 다른 신진 작가들과도 각별한 교분을 쌓았다. 이 시기가 바로 1970년대 초·중반쯤에 해당되는데 결국 이곳을 드나들던 그들 신진작가들이 주동이 되어 해방 후 소설 동인으로서는 처음인 '작단' 동인을 1978년도에 결성하는 계기가 되기도 했다. 나는 그 당시 소설만 전문으로 평론을 했기에 그들과도 쉽게 친교를 맺을 수 있었다. 문단 등단은 모두 나보다는 늦지만 나이는 엇비슷했다.

이 '작단' 동인 중에서 좌상이 바로 유재용 작가였는데 그는 나보다 나이는 2살 위이지만 문단 등단은 후배라 자주 만나다 보니 친구처럼 지냈다. 참고로 '작단' 동인이 비록 2년 만의 동인 활동으로 동인지 3집을 내고 중단됐지만 그것에 자극받아 그 아랫세대의 작가들이 1980년대 초·중반에 '작가', '소설시대', '작법', '창작' 등의 동인그룹을 만들었던 것도 기억해둘 만한 일이다.

나는 1970년대 초 유재용 작가를 알고부터 그의 작품 활동을 각별한 관심으로 지켜보았다. 생활 수단으로 학교 앞에서 문방구점을 내고 있었던 그는 오로지 창작에 전력투구하는 듯 했다. 내가 월평을 맡게 될 때 그의 작품이 보이면 별도의 관심을 기울여 보기도 했다. 지금 자료를 찾아보니 월평에서 그의 작품을 언급했던 것이 두세 번은 되는 것 같다. 1973년도에 10월호 〈현대문학〉에 「他人의 생애」를 발표했는데 마침 그 다음 호 월평에서 그것을 평해보았다. 가난한 집안 출신의 18세 소년이 월급을 받는 조건으로 부잣집 죽은 막내아들의 대역을 행하다 결국 가혹한 죽음을 당한다는 이야기였다. 나는 이 작품을 현대사회의 상징적 우화로 해석하며 개인의 자유가 용납되지 않는 사회구조의 획일성에 대한 항의라고 평하기도 했다.

그리고 1986년도 〈월간문학〉 10월호에 발표된 「伐草」도 그 다음 호 월평에서 언급한 바 있다. 이 작품은 주인공이 아들을 데리고 자기 할머니 산소에 벌초를 하러 가고 또 벌초를 하는 과정에서 할머니 생존 시의 집안 이야기를 풀어내주고 있는데 주제는 장손만을 떠받드는 전통사회의 누대(累代)의식을 반성시켜 주는 작품이라 평했다.

그러나 이런 사소한 평보다는 더 큰 평이 있었다. 1982년도에 월간 〈소설문학〉에서 그의 첫 신문(경향신문) 연재소설 「비바람 속으로 떠나다」가 책으로 출간되자 작품론 청탁이 왔다. 그의 『누님의 초상』이 연작 형태의 가계(家系)소설이듯 이 작품도 일종의 가계소설이었다. 휴전선 북쪽 강원도 땅 김성읍에 몇 대째 뿌리박고 살아오던 토반(土班) 집안인 한(韓)씨 가문이 일제하, 8·15 그리고 6·25를 거치면서 몰락해가는 과정을 그렸던 것이다. 이 작품을 여러 시각에서 접근해 보았는데 후에 나의 평론집에 이 평론을 넣고 책이 나오자 한 권 선물했더니 매우 흡족해했다.

그는 송파구에 살고 나는 인접한 강남구에 살기 때문에 작고하기 전 어느 기간 동안도 간혹 만나기도 했다. 또 그런 우정의 연결로써 수년 전에 내가 하동 평사리 토지문학제 추진위원장을 맡고 있을 때, '평사리문학대상' 소설 부문 심사위원을 전상국과 같이 맡아 달라고 의뢰도 했는데 잊지 않고 자기를 챙겨주어 고맙다 했다.

작품집으로『꼬리 달린 사람들』,『누님의 초상』,『관계』,『사양의 그늘』이 있고, 장편으로는『聖域』,『비바람 속으로 떠나다』,『성자여, 어디 계십니까』,『침묵의 땅』 등이 있다.

경력으로는 한국문인협회 상임이사, 한국공연윤리위원회 심사위원, 국제펜클럽 한국본부 부회장, 한국소설가협회 이사장, 송파문화원장 등을 역임했는데 이는 아마도 호인다운 그의 유화적인 무난한 성격에서 비롯되었다 해도 좋을 것이다.

그리고 비교적 상복도 있었다. 이상문학상, 현대문학상, 조연현문학상, 동인문학상, 박영준문학상 등을 수상했다.

이유식의
문단수첩
엿보기

제2부 / 잊을 수 없는 만남의 시간들

1. '좋다 만' 향파 이주홍 선생의 배려

1963년 10월 어느 날이었다. 부산대 신문사에서 아동문학가 향파(向破) 이주홍 선생께서 나를 찾으신다는 전갈이 왔다. 후배 기자가 도서관에서 공부를 하고 있는 나에게 찾아와 선생께서 묵고 있는 여관으로 전화를 넣어주면 좋겠다는 전갈이다.

무슨 용건인지는 모른 채 다짜고짜로 신문사로 가 남겨놓은 연락처로 전화를 드렸다. 내용인즉 그동안 발표했던 평론 목록을 만들어 가지고 내일 오후 자기가 묵고 있는 여관으로 와주면 좋겠다는 것이다.

향파 선생은 그 당시 부산일보에 약 3년 반에 걸쳐 번역소설 중국『수호지』의 연재를 끝내고 또 얼마 지나지 않아 국제신보에『부나비』를 연재하고 있었다. 교수직에다 매일 연재소설을 써야 했기에 동내 온천장의 자택에서 그렇게 멀리 떨어져 있지 않은 '백양여관'에 별도로 조용한 방을 빌려 집필실로 이용하고 있었다.

약속대로 그 이튿날 그곳으로 가 찾아뵈었다. 앉은뱅이책상 위에서 원고를 쓰고 계셨는데 작품 목록을 보여드렸다. 쭉 한번 훑어보시고는 약간의 언질을 주었다. 그동안 부산시 문화상 문학부문 수상자를 공로상 위주로 주었는데 이제는 작품상으로 바꾸어 볼까 해서 그러니 그렇게 알고만 있으라는 설명이었다. 그리고 소설가 요산(樂山) 김정한도 심사위원이니 같이 상의하겠다는 말씀도 있었다.

그해는 제6회째다. 그러니 이미 5회째나 시상하고 보니 얼마 안 되는 문협 회원 중에 공로상을 받을 만한 분이 없기에 작품상으로 바꾸어보려 한 것이 원래의 뜻이었다.

그 당시 나는 꽤 정력적으로 평론 발표를 했다. 1962년과 1963년을 합해 〈현대문학〉지에 도합 8편을 발표했고, 또 부산의 양대 일간지에 칼럼 아니면 문학시평을 쓰기도 했다. 이런 점을 감안하여 공로 위주가 아니라 작품상의 그 첫째 후보로 나를 낙점해 두셨던 것이다.

뒤에 들은 이야기지만 두 분은 일단 나에게 작품상이란 명목으로 상을 주기로 합의를 했다는 것이다. 이 이야기가 그만 언론사 주변으로 새어나가다 보니 몇몇 내 위 또래의 선배문인들이 두 분을 찾아가 완강히 수상 불가론을 폈다는 것이다. 아무리 작품상의 후보라 할지라도 아직 학생 신분인데다 나이가 젊다는 것을 내세우더라는 것이다. 이 일에는 두세 명이 연루되어 있는데 모두 나보다는 나이나 문단 연조가 3~4년쯤은 앞선 사람들이었다.

이들의 불가론이 워낙 거세어 나에겐 다음 기회가 있다 싶어 그해에는 아무에게도 상을 주지 않기로 결정했던 것이다. 결국 나에겐 '좋다 만' 상이 되고 만 셈이다. 아무리 작품상이라도 사실 그런 상을 받을 만큼의 필요·충분조건을 갖추진 못했지만 실망을

안 했다면 나는 거짓말쟁이이다. 선배들의 알량한 자존심 때문에 무참히 짓밟힌 꼴이 되었다 하겠는데 시기나 질투를 대의명분으로 살짝 감춘 그 간사성의 실체를 나는 새파란 젊은 나이에 일찍 경험도 한 셈이다.

그 후 나는 서울에 와서 약 2년간 기자생활을 하다 다시 부산으로 내려가 고교 교사생활을 했다. 그 당시 향파 선생은 비록 7호의 단명으로 끝나긴 했지만 계간 〈문학시대〉를 창간 하셨다. 1966년도다. 요즘은 잡지 발행이 허가제라서 식은 죽 먹기이지만 그때는 인가제라서 가히 하늘의 별 따기 격인데도 큰 뜻을 이루어 창간을 하셨던 것이고, 또 평론 청탁이 왔기에 기꺼이 작품을 보내드렸다. 또 바로 그해에 나온 그분의 수필집 『뒷골목의 낙서』도 동료 교사들을 통해 일부 소화시켜 드렸다.

나와는 이런 인연이 있는 향파 선생은 1987년도에 81세로 돌아가셨다. 연세는 나보다는 32년이나 높았는데 평소에도 재주가 많으셨다. 글 쓰시는 것 이외에도 서예 쪽에도 일가견이 있으셨고, 또 책 장정의 솜씨도 있었으며, 술은 꼭 맥주만을 드셨다.

세월이 지나 나중에 안 사실이지만 그분은 나와 같은 합천 이씨인데 나림 이병주 선생도 같은 합천 이씨다. 혹시 두 분이 종친 문사들을 모아 종친문인회를 만들어 종종 만나고 있는지 몹시 궁금하다.

2. 요산(樂山) 김정한의 그 한마디

　요산(樂山) 김정한 선생은 내 대학시절의 은사다. 나는 1958년도에 부산대학 영어영문학과에 입학했다. 그 당시 선생은 국문과 교수로 계셨는데 1학년 2학기 국문과와 영문과 합반의 '문학개론' 시간에 처음 뵙게 되었다. 일찍이 조선일보에 당선된 소설가라는 것과 현재는 절필하고 있으며, 부산일보사 비상임 논설위원으로 사설을 쓰고 있다는 이야기를 급우들을 통해 전해 들었다. 국문과 학생들의 이야기로는 성격이 대쪽 같고 또 고집도 있어 별명으로 '대작대기', '불뚝고집'이라 부른다는 것이다. 그 후 이병기·백철 공저인 『국문학 전사』를 보게 되었는데 우연히 그분에 대해 언급한 부분이 두세 줄 있는 것을 발견하고는 생존 인물이 문학사에 언급되어 있다 싶으니 퍽 대단한 분으로 보였다.

　고등학교 시절에 나는 열렬한 문학 지망생은 아니었다. 그저 책 읽기만 좋아했다. 대학에 와서도 독서를 많이 했다.

　1학년 2학기 초였다. 평론인지 무엇인지도 모르고 무작정 한 편의 글을 써 보았다. 김동리의 단편 「바위」를 분석해본 글이었다. 그 단편이 짧은 편인데 분석해본 글이 50여 매 정도였으니 제법 심층 분석을 했던 것이다. 그 당시는 구조주의니, 형식주의니 하는 비평이론이 소개된 적도 없어 거의 나의 본능적 비평 감각에만 의존해본 글이었는데 결국 나중에 알았지만 그런 분석이었다.

글을 써놓고 보여드릴까 말까 하고 있는 중에 선생에 관한 정보를 더 알아야겠다는 생각에서 그분의 첫 창작집 『낙일홍』을 구해 읽어보기도 했다. 1956년도에 나왔는데 데뷔 초기 4년간의 작품집이었다.

그 다음 용기를 내어 선생님의 강의가 있는 어느 날 점심시간을 이용해 연구실을 찾아가 직접 원고를 보여드리고 강의실로 왔다. 바로 그날 강의실에서 강평을 해주셨다. 분량을 조금만 더 길게 쓰면 석사학위 논문감이라니, 그 당시는 석사가 요즘 박사보다 귀한 시절인지라 그 한마디의 칭찬은 매우 고압적이었다. 우쭐한 기분으로 문학공부에 전력투구하게 된 계기가 되었다.

그 뒤 1961년도에 평론가로 데뷔하여 데뷔작이 실린 〈현대문학〉을 부산일보 논설위원실로 찾아가 직접 전해드렸다. 축하와 함께 자기처럼 반짝 하다 쉬지 말고 꾸준히 잘해보길 바란다는 충고도 해주었다.

이런 연분이 있었으니 요산 선생은 나에게 문학, 좁게는 평론에 눈을 뜨게 해주신 분이라 잊을 수 없다.

그분이 1966년 말에 26년간의 침묵을 깨뜨리고 「모래톱 이야기」를 발표한 것을 보고 나는 무척 기뻐했다. 그 당시 나는 〈현대문학〉과 〈세대〉지에 월평을 쓰고 있었는데 작품수준도 수준이었지만 그분에게 진 빚을 갚을 수 있는 기회다 싶어 두 지면에서 내

능력의 한계까지 언급해드렸는데 뒤에 들으니 퍽 만족해하시더라는 것이었다. 그 후 그분은 많은 역작들을 발표해 문학사에 큰 족적을 남기시었는데 '낙동강의 파수꾼'인 양 장수를 하시면서 부산을 지키시다가 1996년에 돌아가셨다. 서울과 부산이라는 거리도 거리이지만 개인사정도 있고 해서 장례식 참석은 물론 조전(弔電)도 쳐드리지 못했으니 얼마나 서운해 하셨을까 싶으니 지금도 부끄럽기 짝이 없다.

  강의 중에 요산 선생이 해주신 말씀이 하나 떠오른다. 사람은 태어나면서 '저항'을 하게끔 되어 있다는 것이다. 아이가 태어나면서 '응아' 하고 우는 그것이 바로 주위환경에 대한 첫 번째 '저항'이라는 것이다. 이런 논리를 가졌던 분이시니 그의 문학세계는 저항적인 요소가 다분할 수밖에 없었다 하겠다.

3. 내 문학의 버팀목, 조연현 선생

　석재(石齋) 조연현 선생은 나를 문단에 내보내주신 분이다. 요산 김정한 선생으로부터 대학시절 평론가로서 가능성이 있다는 일차 평가를 받았으니 문득 내 자신을 좀 더 넓은 무대에서 평가받고 싶었다. 1학년 말이었다. 습작 중 내 딴의 우수작을 골라 〈현대문학〉지에 신인 추천 평론으로 투고해보았다. 투고에 대한 의외의 엽서가 날아왔다. 추천 심사위원인 동시에 주간이신 조연현 선생님의 편지였다. 학생 신분의 나에게 "형의 원고……"라고 시작된 첫줄의 감격은 이만저만이 아니었고 '유능한 평론가'를 얻겠다는 격려와 더불어 다른 작품을 한편 더 보여 달라는 요청이었다.

　결국 이때의 충격이 나를 평단으로 이끌었던 계기였다. 그 엽서를 금쪽처럼 늘 가지고 다니면서 급우들이나 대학 내의 문학 지망생들에게 그 얼마나 자랑 삼아 내보였는지 모서리가 낡아서 다 닳을 정도가 되었던 기억이 새롭기만 하다. 좀 지나서 그 엽서를 버리고 말았는데 지금 생각해보면 그것은 내 인생의 전환을 갖게 한 최초의 중요 문서인 만큼 지금은 기념품이 되고, 다음은 유품이 될 법하다 싶으니 애석하기 그지없다.

선생님의 추천으로 1961년도에 평론가로 데뷔하였다. 생면부지로 데뷔했으니 데뷔 1년 후 인사차 겨울방학을 이용해 부산에서 올라와 〈현대문학〉사를 찾아갔다. 마침 강연차 지방에 가셨다기에 이튿날 점심시간 가까이에 비로소 뵙고 인사를 드렸다. 몇 마디 인사를 나눈 후 식사 대접을 하려고 하자 추우니 중국집에서 배달시켜 먹자는 말씀이었다. 학생 신분인 나의 얄팍한 주머니 사정을 배려하는 듯싶어 약간은 안심은 되었다.

1964년도부터 서울생활이 시작되어 비로소 제자로서 때때로 찾아뵐 수 있는 기회가 있었다.

설익은 글이긴 하지만 나에게 많은 발표의 기회를 주었는데, 그것이 모두 주간직을 맡고 계셨던 선생님의 배려요, 은덕이었다.

뿐만 아니라 1970년도에 동 지면에 연재한 '한국소설론'을 보시고 '현대문학상'까지 안겨주셨으니 은덕을 입어도 이만저만이 아니었다.

그럭저럭 세월이 흘러 1981년도 10월 말경에 나는 '문인 해외 시찰단'의 일원으로 첫 해외 나들이를 하게 되었는데 문협 사무실에서 그 여행 계획을 말씀드렸더니 여러 가지 정보를 주시면서 쇼핑 정보까지 주시는 것이었다. 이태리에 가면 다른 쇼핑은 하지 말고 지중해 산 심해 조개껍질 속살로 조각한 여성용 액세서리 일종인 '까메오'란 물건을 사오면 좋다 하시며 필요시는 돈으로서 교환가치도 꽤 있다는 것이었다. 말씀대로 소렌토에서 로마로 되돌아오는 길에 공장에 들러 두 개를 샀다. 하나는 아내에게 줄 것이었고, 다른 하나는 선생님 사모님을 염두에 두었다.

그런데 여행 중에 나는 두 개를 모두 잃어버리고 말았다. 여행에서 돌아와 2~3일간 여독을 풀기 위해 집에서 쉬고 있는데 TV를 켰더니 느닷없이 일본 여행 중에 호텔 방에서 돌아가셨다는 비보를 듣고 순간 깜짝 놀랐다. 서부경남 출신인 내가 그 당시로 보아서는 지면이나 학연의 끄나풀이라곤 아무것도 없이 외지나 다름없는 서울생활에서 마음속으로나마 크게 의지하던 분이 떠났다 싶으니 눈물이 핑 돌았던 기억이 새롭다. 까메오의 분실과 선생님의 작고에는 무언가 보이지 않는 운명적 연결고리가 있는 것 같다 싶으니 마음이 착잡했던 기억이 새롭다.

석재 선생이 오래 사셨다면 그분의 나에 대한 배려와 제자 사랑을 미루어보아, 분명 2년제 아닌 4년제 대학 교수가 되었으리라 본다. 그랬다면 더욱 활발한 비평 활동을 할 수 있지 않았나 싶어 늘 아쉬운 생각이 들기도 했다.

4. 나를 '우리 선생님'이라 부르곤 했던 손소희 여사

손소희 여사는 1917년생이니 생전의 나의 모친과 비슷한 나이였다. 일본의 니혼(日本)대에 유학하다가 신병으로 중퇴를 했는데 공부 욕심이 있어 만학 중 만학으로 40대 초쯤에 외국어대학 영문과에 입학하여 졸업했다. 스무 살쯤 아래인 아들이나 딸뻘인 학생들과 같이 공부를 했는데 같은 과에는 시인 이탄도 있었다.

내가 손 선생을 처음 뵌 것은 1971년 나의 '현대문학상' 시상식 자리에서였다. 각별한 축하인사도 받았는데 아마도 그 당시 내가 소설 비평을 전문으로 하고 있었기에 본인이 소설가여서 더욱 남다른 관심을 보이지 않았나 싶다.

시상식이 끝나고 서너 달이 지난 어느 여름날, 내가 운영하던 외국어학원으로 국제펜대회 참가 시나 기타 외국여행을 대비해 두기 위해 시인 홍윤숙 여사와 함께 방문했다. 영어회화를 두 분이 같이 좀 배웠으면 하는데 어느 수준의 반을 택하면 좋겠느냐는 것이다. 원장으로서 매우 성의껏 상담에 임해 주었다. 두 분이 기본실력은 갖추고 있고 또 나이가 있으니 한국인 그룹반이 아니라 두 분만의 외국인 개인지도를 받는 것이 좋겠다고 했다. 그래서 그 후 3~4개월간 나의 학원을 매일 드나들게 되었다.

이 과정에서 우리는 더러 문단 이야기를 나눌 수 있는 기회가 있었고 또 때론 공부 방향에 대해서도 여러 조언도 해주었다. 그러다 보니 더욱 친숙해졌다.

이런 연고로 그 이후 간혹 문단 모임에서 만나는 경우, 기분이 좋으실 때라면 곧잘 주위 사람들에게 나를 '우리 선생님'이라 불러주는 과분(?)한 특혜도 내보여 순간 내 자신이 한 등급 오른 듯한 즐거움도 맛보았다.

비단 이런 일뿐만이 아니었다. 1970년대에 신당동 자택으로 김동리 선생께 세배도 드릴 겸 손 여사도 뵈올 겸 찾아가면 그 누구보다도 반갑게 맞이해주었다. 그리고 인사를 마치고 일어설 때면 꼭 선물을 챙겨주는 인정도 보여주곤 했다. 다른 세배객이 있을 때라면 나만 살짝 불러 챙겨주곤 했다. 명절이면 지방에 있는 두 분의 학교나 문단 제자로부터 많은 선물이 들어오겠지만 별도의 호의가 없다면 나누어준다는 것은 여간 쉬운 일이 아닐 것이다. 물론 평소 그분의 성품이 나누어 쓰고 나누어 갖기를 좋아하신다는 이야기는 익히 들었으나, 여성이 아닌 새까만 남자 문단 후배에게까지는 별도의 호의가 아니라면 생각도 못할 일이었.

1980년대의 청담동 시절인데 나의 집이 아니 멀리 있는 줄 아시고 곶감과 김이 든 제법 큰 선물 보따리를 한 아름 챙겨주신 일도 있다.

살아생전에는 비단 이런 인연만이 있었던 게 아니었다. 펜 끝의 인연도 있었다. 1983년도인데 월간 〈광장〉이라는 종합지가 있었는데 '한국 소설의 문제작'을 골라 해설과 비평을 하는 작품론 기획시리즈에 손 여사의 장편 「南風」에 관한 글을 싣겠다는 청탁이 왔기에 내 나름대로 소설 비평에 관한 노하우를 최대로 발휘해서 쓴 적이 있다.

그리고 이것이 계기가 되어 타계하신 1987년도에는 미당 서정주 선생이 발행인으로 있던 월간 〈문학정신〉에서 곧 바로 추모특집을 꾸민다고 청탁이 왔기에 「여권주의의 개척자」라는 제목으로 '손소희론'을 쓴 바도 있다.

뿐만 아니라 바로 그 뒤인 그해 〈현대문학〉에서 '현대의 고전을 찾는다'는 기획 시리즈를 6월호에 내보내겠다고 청탁이 왔기에 「여류의 세 장편」이라는 제목으로 최정희의 「인간사」, 강신재의 「파도」와 더불어 손 여사의 「남풍」을 다시 언급해보기도 했다.

이제 선생이 돌아가신 지가 벌써 20년이 훨씬 넘었다. 때론 자상한 어머니나 누님같이 따뜻한 정을 보여주기도 했고, 또 때론 나이마저 잊은 채 발랄한 소녀같이 행동하시던 그 모습이 먼저 떠오른다. 함경도 출신이라 생활력이 강하다는 뜻의 본인 별명 '또순이'를 닮아서인지 신당동 구옥을 헐어 6층짜리 빌딩도 올려놓았고, 또 강남구 청담동에 꽤 넓은 대지 위에 번듯한 단독주택을 지어놓았으니 이제는 건강한 취미생활을 위해 세곡동에 도자기 가마를 만들어놓고 간혹 도자기를 구우러 다니신다며 퍽 만족해하시던 모습도 떠오른다.

끝으로 그분의 작품들을 꽤 꼼꼼히 읽었던 한 사람으로서 그의 작품세계의 특징을 한두 가지 요약해둘까 한다. 환경, 성격, 유교적 전통 때문에 고통을 당하는 한국 여인상의 부각에 남다른 능력을 보여주며, 여성들의 권리 신장을 위해 많은 노력을 경주했다. 그리고 여성 특유의 섬세한 감각으로 남성 작가들이 미치지 못한 인간의 미세한 심리세계 표출과 독특한 성격 창조를 이룩해 낸 특징이 있다.

선생은 현대 한국여성소설사에서 박화성, 강경애, 최정희, 임옥인으로 대표되는 그 제1세대에 이어 해방 이후에 등단한 제2세대에서는 그 선두주자로 자리매김돼 있다.

5. 여장부 같았던 수필가 조경희 선생

　내가 조경희 선생을 처음 뵌 것은 1971년도다. 〈주부생활〉이 주관하고 일동제약이 후원한 전국 주부 육아일기 공모작품 심사위원으로 참여해서이다. 세 사람의 심사위원이 위촉되었는데, 물론 모두 글과 연관되어 있는 분들이지만 김사달 박사는 의사 입장에서, 조경희 선생은 여성 입장에서, 나는 문학가 입장에서 각각 최종심에 참여했다. 그때 조 선생은 한국일보 부녀부장으로 있을 때이고, 또 갓 출발한 한국수필가협회의 초대회장으로 있을 때였다.
　그 뒤 많은 인연이 생겼다. 문협 이사장으로 있던 조연현 선생이 타계하자 부이사장 중 나이순에 따라 조 선생이 이사장 직무대행을 하고 있을 때인 1982년도에 문협 세미나를 전북 내장산호텔에서 가졌다. 그때 나는 문협 행사에서는 처음으로 세미나 진행의 사회를 맡았다. 세미나가 끝나자 책임자로서 매끄럽게 참 잘 진행했다고 칭찬을 아끼지 않았다.
　그러나 더욱 친숙해지게 된 것은 조 선생이 회장으로 있었던 한국수필가협회의 여러 일에 내가 적극 참여할 수 있도록 각별히 배려해준 일로 인해서였다. 1990년도 대전 세미나와 1995년도

속리산 세미나에서 주제 발표를 맡게 해주었고 또 한국수필문학상 심사위원을 두어 번 위촉하기도 해주었으며 또 신인응모 수필 심사도 두세 번 하도록 불러주었다.

여기서 심사라는 말이 나오고 보니 또 하나 생각나는 일이 있다. 1989년도였다. 한국화장품에서 나오는 월간 〈쥬단학〉 지령 250호 기념으로 시, 생활수기, 콩트 부문에 한정시켜 여성 생활문예 작품을 전국적으로 공모했다. 그때 심사위원으로 미당 서정주 선생과 조경희 선생 그리고 나와 두세 명의 다른 심사위원들이 참여했는데, 심사하는 과정에서 지루하지 않도록 간혹 농담을 양념처럼 뿌려주어 우리 모두를 즐겁게 해준 기억이 떠오른다.

그래서 이런 연고, 저런 인연으로 겹겹이 얽히다 보니 자연 그 누구보다도 친밀한 사이가 되지 않을 수 없었다.

옛말에 '가는 정 오는 정'이라 했다. 1995년도 초에 조 선생이 문협 이사장으로 출마했을 때, 물론 낙마는 했지만 힘껏 도와드린 일이 있다. 그 당시 나는 부이사장으로 출마했는데 그때는 지금처럼 이사장단이 러닝메이트제 출마가 아니고, 개별적 출마여서 내 선거운동을 하면서 주어진 여건 내에서 원격적으로나마 조 선생을 적극 밀어드렸다. 결과는 근소한 차의 패배로 끝났고, 대신 나는 당선되기도 했다. 선거 결과가 나온 당일 많은 위로를 해 드렸지만, 후일담 이야기도 들을 겸 며칠 후 정식으로 무교동에 있던 수필가협회 사무실로 찾아가 뵈었다. 선거 중에 유권자들로부터 많은 전화를 받기도 하고 걸어보기도 했는데 그 누구보다도 이유식 씨가 많은 사람들에게 많은 부탁을 해둔 일이 확인되었다며, "이유식 씨 같은 분이 한두 사람만 더 있었다면 쉽게 당선되었을 텐데" 하면서 그 아쉬움의 끝자락에 참 고맙다는 인사를 빠트리지 않았다.

그리고 내가 대학 정년을 한 3년 앞두고 있을 때인 2000년도에는 개교기념 행사를 크게 했는데 초청 연사를 물색하다 문득 여대인 만큼 여성 명사를 한 분 초청하는 것이 좋겠다 싶어 조 선생을 모신 적도 있다.

조 선생은 여성으로서 곱상한 용모는 아니었지만 대신 여장부 기질을 타고났다. 여장 남자이다. 어떤 좌석에서 기분이 언짢을 때면 제법 서슴없이 쌍욕을 내뱉기도 하고, 또 때론 술자리 같은 데서 기분이 나면 이른바 Y담도 곧잘 했다.

경력을 보면 1918년생인데 1939년 즉, 내가 2살일 때 이화여전을 졸업하고 조선일보 학예부 기자를 시작으로 하여 반평생을 언론계에 종사했다. 언론계를 떠나서는 여성으로서 맡을 만한 굵직굵직한 직책을 안 맡아본 게 없을 정도다. 한국예총 회장, 제2무임소 장관, 예술의 전당 이사장, 한국여성개발원 이사장, 또 대한민국예술원 회원, 서울여대와 청주대에서 명예문학박사를 각각 받기도 했다.

그러나 단 한 가지 이루지 못한 뜻이 있었다면 한국문인협회 부이사장과 이사장 직무대행을 맡으신 적은 있지만 이사장의 뜻은 끝내 이루어내지 못했다.

2005년도에 숙환으로 별세해 향년 87세까지 사셨으니 장수를 하고 가셨다.

6. 한 자유인의 초상, 김수영 시인

　내가 김수영 시인을 처음 만난 것은 1965년도 초인데, 〈세대〉지 기자 시절이다. 김수영은 〈사상계〉 1964년 12월 초에 「난해의 장막」이라는 제목으로 1964년에 발표된 시와 기타 시론을 총평했던 글이 도화선이 되어 〈세대〉지를 통해 전봉건 시인과 그 사이에 논전이 오갔다. 1965년 1월 초 〈세대〉지에 전봉건 시인이 〈사상계〉지 문제의 그 총평 중 특히 자기와 관련된 부분을 조목조목 반박하는 글 「사기(詐欺)론─김수영 시인에게 부쳐」를 발표했고, 바로 그 다음 호인 2월에는 김수영의 「문맥을 모르는 시인들─사기론에 대하여」라는 반박문이 나왔다.

　이 과정에서 어느 날 김수영 시인이 그 반박 원고를 가지고 그 당시 을지로 2가에 있었던 〈세대〉사 사무실로 찾아왔다. 처음의 방문이고 또 나와는 첫 대면이었다. 비록 초대면이긴 하지만 이미 서로 글로야 알고 있었던 처지라 반갑게 인사를 나누고 원고를 건네받았다.

　후배인 나는 문단 데뷔 이전, 평론 공부를 할 때 이론서가 귀한 시절이라 그가 번역한 『20세기 문학평론』이라는 책을 사서 읽어보기도 했고, 1948년도에 나온 김경린, 박인환, 박태진과 함께 엮은 합동시집 『새로운 도시와 시민들의 합창』은 물론, 1959년도에 나온 그의 생전의 유일한 시집이 되어버린 『달나라의 장난』도 읽어보았다.

뿐만 아니라 〈사상계〉지 1963년 12월호에 그가 쓴 1963년 시단평 「세대교체의 연수표」에서 나의 시론에 대해 언급한 부분도 읽었고, 또 〈현대문학〉지 편집기자인 김수명 씨가 바로 매씨라는 것을 알고 있는 터라 서로가 큰 격의가 없었다.

점심시간이 되어 우리는 밖으로 나왔다. 음식을 들면서 여러 이야기를 나누었다. 그 당시 시단의 큰 이슈이기도 한 난해시 문제를 두고 서로 의견을 나누기도 했고, 또 몇 편 발표해본 나의 시론에 관해도 이야기하면서 본격적인 시론가가 귀하니 계속 정진해 보라는 당부도 잊지 않았다.

그리고 덧붙여 이번 논전의 상대인 전봉건 시인과 〈세대〉지와의 관계를 좀 더 알고자 했다. 전 경향신문의 고문으로 있다가 금년(2011)에 타계한 이광훈 씨가 그 당시 편집장으로 있었는데, 두 사람의 관계는 각별할 수밖에 없는 사정도 설명해주었다. 전봉건 선생이 주간으로 가 있는 월간 〈문학춘추〉에 이 편집장이 평론가로 데뷔했으니 자연 자주 글을 발표하고 있다고 귀띔해 주면서 이번 논전의 1라운드가 우리 지면에서 시작된 사정을 덧붙여주었다.

그분의 첫인상은 좀 남다르다 싶었다. 키는 중키에다 좀 깡마른 심성질 체격이었고, 눈은 무엇에 놀란 듯 휑하니 컸지만 눈빛만은 형형했고, 머리는 자다가 갓 일어난 사람처럼 부스스했다.

형색은 영판 시골 사람이었다. 한복에다 겨울이라 검은 물을 들인 군용 야전잠바를 걸치고 있었고, 신은 검정 고무신에다 천으로 된 요즘 학생들의 신주머니 같은 백을 들고 왔다. 사실 그날의 원고도 그 백에서 나왔는데 말하자면 소지품을 넣고 다니는 핸드백인 셈이었다.

지금 생각해보면 생활 환경적으로도 그럴 수밖에 없고 또 그런 여건이었다. 그 당시로 봐서는 서울 변두리 지역인 마포구 구수동에서 번역 일을 주로 하며 양계를 했으니, 구태여 멋 낼 처지도 아니었고 또 멋 낼 필요도 없었을 것이다. 어쩌면 지난날의 친구 박인환이 늘 깔끔한 차림새로 다닌 데 반해, 설사 그가 직장인이었다 할지라도 겉모양에는 무신경할 분이 아닌가 싶다.

그는 1968년 6월 귀가 도중 버스에 치여 병원에서 그 다음 날 돌아갔다. 평화신문 문화부 차장으로 6개월 근무한 이력 이외는 이렇다 할 고정된 직장을 가져본 적이 없다. 번역, 양계, 대학 강사, 글쓰기가 바로 그의 주업이었고 생활수단이었다.

그의 문학은 사후 1970년대부터 이른바 민중문학이 득세를 하기 시작하자 신동엽과 함께 우군으로 영입되어 크게 빛을 보았는데, 그를 잘 아는 나의 입장에서도 좀 부풀려진 감이 없지 않다 싶다.

시의 양심과 삶의 자유를 늘 깃발처럼 펄럭이던 그의 모습에서 나는 한 '자유인의 초상'을 본다.

7. 멋쟁이 파리지앵, 불문학자 양병식

1949년, 6·25 바로 전 해에 김경린, 박인환, 김수영이 모더니즘의 기치를 내걸고 '신시론' 동인회에서 합동시집 『새로운 도시와 시민들의 합창』을 펴냈다. 그 동인 중에 양병식이란 분이 있다. 1950년대와 1960년대의 문인이라면 물론 그의 이름을 다 기억하겠지만 적어도 1970년대나 1980년대로 오면 올수록 낯설다 할 사람들이 더러 있을 것이다.

그는 원래가 함경북도 출신이다. 일찍이 일본으로 건너가 유학했는데 그곳 프랑스문화학원에 다닌 것이 계기가 되어 재야 불문학자 겸 평론가가 되었고, 또 귀국 후 집안의 권유로 의과대학에 다닌 것이 계기가 되어 의사를 평생 직업으로 삼았다.

해방이 되자 그는 서울에서 의업보다는 시 쓰는 데에 열중하여 김경린, 김수영, 박인환 등과 교류하며 합동시집을 내는 데에도 동참했다. 그리고 6·25전쟁 발발 2개월 전에 종합지 〈학풍(學風)〉에 「전후 프랑스의 문학과 사상」이라는 글을 통해 실존주의 문학과 샤르트르, 카뮈를 소개한 적이 있는데 한국에서 소개된 최초의 체계적인 글이었다.

잊을 수 없는 만남의 시간들 ✽ 85

전쟁이 나자 서울에서 부산으로 피난을 와서 평생을 부산에 정착했다. 한동안 피난지의 일간지 등에 불란서 문학을 소개하기도 했으며, 1950년대 후반에는 샤르트르의 『구토』와 카뮈의 『페스트』를 최초로 번역·소개하기도 했다.

내가 이분을 뵌 것은 1960년대 초인데, 부산 문협 평론분과 소속으로 되어 있었지만 그 당시에는 문필 활동을 거의 중단하고 의업에만 열중하고 있었다. 부인도 의사로서 개업을 하고 있었고, 본인도 용두산 40계단 입구 근방에서 개업을 하고 있었다. 내외가 모두 의사에서 생활 형편이 넉넉한 쪽이었다.

역시 1960년대 초 어느 날 의원으로 찾아간 일이 있다. 나에겐 술만 들어갔다 하면 빈뇨 현상이 있어 싱싱해야 할 새파란 젊은 나이에 이래서는 안 되겠구나 싶기도 하고, 또 행여 무슨 탈이라도 있나 싶어 진찰을 한번 받아보려고 간 것이다. 여러 가지 문진을 하더니 개인의 체질에 따라 알코올에 예민한 반응을 보일 수도 있으니 안심하라며, 오히려 그날 남포동 본인의 단골 맥주집으로 데려가 술을 사주며 위로까지 해주었다. 그 당시 부산에는 평론가가 모두 합쳐 2~3명 정도밖에 없다 보니 후배 평론가가 매우 귀한 시절이라 그것이 선배께서 후배에게 베푸는 배려요, 온정이 아닐까 하고 생각도 해보았다.

그 일이 계기가 되어 더욱 친근감을 느껴 시내에 갈 일이 있으면 간혹 남포동 그의 단골 2층 맥주집에 들러보곤 했다. 그는 의원의 문을 닫는 퇴근 시간이면 거의 매일 이곳으로 출근하다시피 했다. 키도 컸고 체격도 좋았는데 잘 차려입은 더블 양복에 행커

칩도 꽂고 또 굵은 테 안경에다 베레모를 쓰고 또 거기에다 마도로스 파이프를 물고 창가에 앉아 있는 그의 모습은 영판 영국신사 아니면 불문학자다운 파리지앵의 모습이었다. 서울에 소설가 이봉구씨가 '명동백작'으로 명동에 군림하고 있었다면, 부산에는 양병식 선생이 '남포동 공작'으로 버티고 있었다.

그럭저럭 20년 가까이 문필 활동을 중단했다가 1981년도 환갑을 넘긴 62세 때에 비로소 평소 알고 지낸 조연현 선생과의 인연으로 현대문학사에서 『금일의 문학과 사상에 대한 모럴리스트들의 반성과 행동』이라는 첫 평론집을 냈고, 이것을 시발로 집필활동을 다시 시작하여 몇 편의 평론을 발표하기도 했다.

그분은 1919년생이다. 19살이나 위이지만 나를 후배나 조카뻘 아니면 동생뻘로 여겨 따뜻하게 대해주었는데, 그분과 특별히 깊은 관계를 맺게 된 보이지 않았던 이유가 또 있다. 그분을 만나기 바로 한두 해 전 그분이 번역한 카뮈의 『페스트』를 사서 읽었고 또 그것이 1961년도 나의 추천완료 평론의 분석자료 중의 하나가 되었다는 인연의 소중함도 알게 모르게 작용했던 것이다.

그분은 1993년에 타계했는데 지금의 내 나이쯤에서이다. 약 50년 전 술좌석만의 빈뇨 버릇 때문에 의원을 찾아가고 또 그날 남포동의 술좌석에서 들었던 공짜 실존주의 문학 촌강 장면이 생생히 떠오른다. 특히 나의 빈뇨 현상을 술좌석만의 버릇이라면 아무 걱정할 것 없다는 그 진단이 무려 반세기가 지나도 그로 인한 큰 탈이 없었다 싶으니 미상불 역시 명진단이 아닌가 싶기도 하다.

박사과정의 인연, 소설가 전광용 선생

　백사(白史) 전광용 소설가는 함경도 북청 출신이다. 그래서 그런지는 몰라도 외모가 꽤 강직해 보이는데, 성격 역시 깐깐하고 만사에 원리원칙을 존중했다.
　30대 전후 나이에 모였던 다른 '주막(酒幕)' 동인들과는 사뭇 달리 오로지 교수 작가로만 평생을 꼿꼿하게 살았다. 같은 동인이면서 나중에 한국문예진흥원장과 문공부장관을 지낸 시인 정한모나 역시 같은 진흥원장과 예술원 회장을 지낸 바 있는 소설가 정한숙과는 그 인생길이 조금 달랐다. 말하자면 백사는 국제펜클럽 한국본부 부회장직만 빼고 보면 오로지 교수 작가로만 일관한 것이다. 큰 관직이나 공직을 가까이하지 않았다는 뜻이다.
　백사를 나는 1970년대에 비로소 몇 번 뵌 적이 있다. 이렇다 할 연고나 연분이 없기에 그저 가볍게 수인사만 나누고 지낼 정도이었다. 물론 첫 만남의 인사말에서 서로 예의를 갖춘 덕담은 몇 마디 오갔다. 좋은 소설 잘 읽고 있다는 나의 인사말에 대한 답례도 있었다. 백사는 서울대에서 소설론을 가르쳤기에 내가 1970년도 〈현대문학〉지에 연재한 '한국소설론'을 잘 읽었다는 인사말은 빠트리지 않았다.

　그러다가 가까이에서 뵈올 수 있는 결정적인 계기가 왔다. 좀 늦은 나이였지만 내가 박사과정을 밟아볼까 할 때인데, 그동안 소설론도 써보았고 또 작가론이나 소설 월평도 쭉 써온 경험을 바탕 삼아 소설론을 전공해볼까 하여 관련 정보를 알아보고 있었다. 이 과정에서 마침 전광용 교수가 서울대에서 정년을 하고 세종대에 초빙교수로 와서 석·박사과정의 소설론을 지도하고 있다는 소식을 얻어들었다. 그것 참 잘되었구나 싶어 세종대를 택했다. 1985년도다.

　이로 인해 세미나실이나 회식 자리에서 아주 가까이 모시게 되었다. 더욱이나 1년 뒤에는 박사과정 원우회 회장을 맡았기에 여름방학 중에는 원우들과 백사 선생을 비롯해 다른 두 분의 지도교수도 모시고 며칠 동안 전남지역 국문학 기행도 다녀와 보았다. 식영정, 소쇄원, 송강정을 둘러보며 즐거운 시간을 함께했다. 뿐만 아니라 성북동 삼선교 부근에 있는 선생의 댁으로 여러 원우들과 함께 세배도 가보았다. 내 나이와 또 문단 경력을 감안해서인지 다른 원우들에 비해 퍽 친절하게 대해 주었다.

　이런저런 연고로 박사과정 5학기 째인 1987년도에는 선생의 지병이 심해져 강의가 어려워지자 학부의 소설론 강의의 대강을 부탁해 와서 기꺼이 맡아 사제지간의 깊은 정도 깊게 쌓았다.

　그런데 불행히도 1988년 6월에 69세를 일기로 돌아가셨다. 서울 강남의료원에서 돌아가셨는데 문상을 가보니 세종대 제자들은 물론 지난날의 서울대 제자들도 많이 와 있었다. 조문을 마치고 세종대 석사과정 중인 백사의 제자들과 자리를 잠시 같이 해 보았는데, 어느 한 제자로부터 강의 중에 백사가 나의 소설이론 중의 하나인 「1920년대 소설과 죽음의 결말고」라는 평론을 극구 칭찬하시더라는 이야기를 전해 들었다. 순간 '가는 정 오는 정'이라고 고인에 대한 나의 추모의 정은 더욱 깊어질 수밖에 없었다.

사실 백사 선생은 작가로서는 38세 늦깎이로 데뷔했기 때문에 나이로 보면 나와는 약 20년 차이야 나지만 문단 데뷔는 불과 6년 앞섰다. 그러나 그 연세에다 지도교수라는 인연에다 더욱이 소설론 전공이었던 나로서는 각별히 깍듯이 모시지 않을 수 없었다.

물론 다 지나간 일이고, 쓸데없는 가상이긴 하지만 만약 그분이 더 오래 세종대에서 강의를 할 수 있었다면 나도 교수로서의 입지가 많이 달라졌으리라 상상도 해본다. 세종대로 자리를 옮겨 석·박사를 본격 지도할 수 있었다면 학계나 문단에서도 그런 나름으로 또 다른 인맥 형성이라도 할 수 있었지 않았나 싶으니 아쉬운 생각도 들지 않는 바는 아니다.

문득 추모의 정도 있고 해서 혹시 참고가 될까 해서 그분의 초기 소설의 특색과 작가 인생에 대해 한두 가지 언급해둘까 한다. 한마디로 초기 소설들은 허구적 상상력에 의존한 작품이라기보다 직접 현장에서 보고 들은 소재를 바탕하고 있는 점이 특징이다. 그 예로 등단 작품 「흑산도」는 흑산도 학술 답사에서, 「진개권(塵芥圈)」은 휴전선 오지에 있는 미군 쓰레기장에서, 「지층(地層)」은 태백산 탄광에서 각각 얻은 소재들이다.

그리고 결코 다산(多産)의 작가는 아니었다. 깐깐한 성격이라 완벽주의 지향이 다산을 허용치 않았으리라 보아 어차피 과작(寡作)급의 작가에 속할 수밖에 없었지 않나 싶다. 창작집과 장편을 합쳐 불과 10여 권 안팎이다.

그럼에도 동시대의 비슷한 작가들에 비해 예외적으로 이름을 드러내게 된 배경에는 물론 탄탄한 작품구조와 주제성에도 그 장점은 있었지만, 다른 한편으로는 서울대 교수라는 후광의 덕이 문학저널리즘이나 문학교육 현장에서 힘을 실어주었다는 점만은 전혀 배제할 수 없지 않았나 싶다.

사실 엄격하게 말해 내용은 별것도 아닌데 브랜드 값이란 말이 있듯, '경주 돌이 다 옥돌'인 양 대접받고 평가되는 것을 너무 많이 봐 왔기 때문에 불평이나 시샘에서 해보는 말이기도 하다.

9. 많은 덕을 쌓고 간 최계락 시인

　최계락 동시인은 나의 진주고 선배이고, 나보다는 8살 위였다. 1960년대 초부터 부산 양대 일간지 중의 하나인 국제신보의 문화부장으로 일했는데, 그가 나의 선배라는 사실을 안 것은 그 지면과 나의 글 거래가 있고서 한참 지난 뒤의 일이었다.
　1963년도부터는 그 지면의 칼럼 란인 '국제춘추'의 필자로 참여했고 또 간혹 문학시평도 썼다.
　이런 연고로 그 당시 광복동 입구 쪽에 있던 부산시청에서, 아니 멀리 떨어져 있던 국제신보에 원고 전달 차나 고료를 받으러 들르곤 했다.
　첫인상은 참 후덕해 보였는데 아니나 다를까 참 편하게 대해주었다. 부장 티를 내려거나 또 그 위치를 이용해 사람을 주눅이 들게는 하지 않았다.
　1964년 초였다. 문화부에 들러 이 이야기 저 이야기를 나누다 그 당시 마침 에세이 붐이 일기 시작한 때라서 우연히 에세이에 관한 이야기가 나왔다. 신문이나 문학지에서도 많은 관심을 갖기 시작했고, 또 전국적으로 몇 곳에서 수필 동인지도 나오기 시작했다.

　이런 이야기를 나누는 중에 나도 사실은 에세이에 관해 많은 관심을 갖고 있다고 하자 대뜸 연재 에세이를 써볼 생각이 있느냐고 했다. 평소에 에세이를 쓸 자료를 미리 준비해두었기에 좋은 기회다 싶어 즉석에서 그러겠다고 해서 시작한 것이 「회색의 자화상」이라는 제목에 '한국인의 프로필'이라는 부제가 붙은 에세이였다.

　며칠 후 2~3회 분의 원고를 가지고 가서 전달하는 과정에서 욕심을 부려보았다. 이어령 씨가 작년에 경향신문에 「흙 속에 저 바람 속에」를 연재하는 것을 보았는데 그 글에 백영수 화백이 그린 컷이 마음에 들더라고 하니, 그렇다면 원고를 서울지사로 보내 컷을 받아 내보내겠다고 두말도 없이 쾌히 응낙해주었다.

　연재가 2~3회 나가자 독자나 사내의 평이 좋다고 하면서 마음껏 써보라는 격려도 아끼지 않았다. 내 자신도 보답하는 차원에서 꽤 흥미롭게 써보려고 노력을 아끼지 않았다.

　그런데 그만 중단해야 할 사정이 생기고 말았다. 서울 〈세대〉사에서 같이 일해보자는 연락이 왔다. 직장생활의 새로운 환경에 익숙해지면 다시 계속하겠다고 약속은 해두고 10여 회에 중단했다.

　그러다가 1965년도에 다시 10여 회로 연재해 보았다. 원고 전달을 위해 서울지사를 찾아가곤 했는데 그 당시 서울지사장은 후에 국회위원이 된 박권흠 기자였다.

　이 연재의 글로 나는 그 당시 부산사회와 경남 일원에 꽤 널리 알려질 수 있는 계기가 되었는데, 그걸 뒷받침해준 분이 바로 최계락 시인인 셈이다.

그분은 갓 마흔이던 1970년도에 돌아가셨다. 호인으로서 자기 욕심도 부리지 않고 덕을 많이 쌓고 갔다. 식사를 간혹 같이 하고 내가 돈을 내려고 하면 완강히 거부하며 자기가 먼저 값을 치러주었고, 또 어려운 문인들의 편의도 더러 봐주었다. 가령 부산 형님 댁에 내려와 낭인생활을 하던 천상병을 취직시켜준 것도 그 한 예다. 당시는 5·16혁명의 성공으로 감현옥 씨가 육군 준장 현역으로 부산시장 직무를 맡고 있을 때인데, 마침 육군 소령이 시장 비서실장으로 있었는데 그분이 진주고 동문인지라 청을 넣어 시장의 축사나 식사 원고를 작성하는 촉탁 공보비서 자리를 얻게 해준 일이다. 그것이 천상병에게는 직장생활로서는 처음이고 마지막이었는데 약 1년간이었다.

최 시인의 키는 중상 정도였고, 특이한 점은 볼에 은행 알만 한 혹이 달려 있어 처음에는 '복혹'이 아닌가 싶기도 했다. 정영 그 혹이 '복혹'이었다면 더 오래 살면서 더 좋은 일을 했을 성싶다.

그러나 비록 40세의 단명에 떠났다 해도 그래도 동시계에서는 이름을 남기고 떠났으니 '복혹' 값은 하고 떠났다 싶다. 초등학교 교과서에 동시 「꽃씨」와 「꼬까신」이 실리기도 했고, 그리고 진주고 나의 후배이자 최 시인의 실제(實弟)인 실업인 최종락 회장이 문학상 기금을 쾌척하여 매년 '최계락 문학상'도 시상하고 있으며, 또 시비도 7개가 세워졌으니 사후에 그는 부자가 되어 있는 셈이다.

10. 맏형 같았던 평론가 최일수 선배

최일수 선생은 평단의 나의 선배다. 전남 목포 출신으로 목포상고를 중퇴하고 뒤에 전문학교 입학자격 검정고시에 합격한 분이다. 뒤에 다른 사람에게서 들은 이야기인데, 후일 대통령이 된 김대중 선생과는 한때나마 목포상고의 동기 동창이기도 하다는 것이다.

그는 독학으로 문학공부를 하여 1955년도에 조선일보 신춘문예에 평론이 당선되어 데뷔했다. 나이는 나보다는 14년 위이고, 문단은 6년 앞선 분이다. 여러 일로 서로 친밀하게 되자 후배인 나를 매우 아껴주었는데 나도 맏형처럼 대했다.

1965년도라 기억한다. 〈세대〉사 기자 시절에 회사 일로 내가 그 당시 조선일보 편집국장이었던 소설가 선우휘 씨를 만나러 갔다가 그 신문사 문화부에서 일하고 있는 선생을 처음으로 만나 인사를 나누었다. 그때는 그 지면에 문학 쪽보다 주로 영화 쪽을 담당하며 영화평을 쓰고 있었고, 비평 활동 이외에도 시극(詩劇)운동에 관심을 갖고 있었다.

그러다가 친밀해질 수 있는 계기가 왔다. 1971년도에 처음으로 한국문학평론가협회가 발족하여 조연현 선생이 초대 회장을 맡았고, 그분이 부회장 중의 한 분이 되었는데 그 뒤 협회 모임에서 더러 만나 친숙해지긴 했으나 그 모임이 그만 10여 년 이상 유명무실하다 보니 더 이상 인간적 교류는 없었다.

더 친밀해질 수 있었던 것은 1981년도에 그가 회장직을 맡고부터이다. 1981년도에 그 모임이 재출발을 했는데 회장인 조연현 선생이 바로 그해 11월 초순에 타계하게 되자 곧 부회장이었던 그가 회장직을 맡게 되었다. 한국문예진흥원 전문위원으로 있을 때였다. 나는 그때 문인협회 이사직과 그 협회의 이사직도 맡고 있어 문협 일이 끝나고 나면 바로 가까이 진흥원이 있었기에 종종 전문위원실에 들를 수 있는 기회가 있었다. 사무실에서 아니면 퇴근길의 맥주집에서 많은 이야기를 나누며 문정을 나누었다.

그가 회장직을 맡게 된 바로 그 다음 해에는 협회가 본격적으로 새 출발을 했다. 세미나도 겸해 평론가협회상도 제정하여 제1회 시상도 했고, 또 대학교 교재용 『문예비평론』도 출간했는데 나도 필자로서 한 자리 끼기도 했다. 이 시기에 마침 나의 첫 평론집 『한국소설의 위상』이 문단 데뷔 20여 년 만에 나와서 물론 직접 전해주었다.

바로 그 이듬해인 1983년도에는 이 평론집을 수상작으로 하여 제2회 협회상을 나에게 안겨주었고, 또 그 시상식장에서 '비평문학은 서자(庶子)인가'라는 제목으로 주제 발표를 할 수 있는 기회를 마련해주기도 하였다.

그 뒤는 이런 상 저런 상을 받고 보니 내성이 생겨 그 감회가 덜

했지만, 그때는 1971년도 '현대문학상'을 받고 무려 12년 만에 다시 받아보는 상이라 참 감회가 남달랐다.

그 후 회장직에서 물러나 음악평론가 박용구 씨가 회장으로 있던 한국예술평론가협회에 부회장으로 깊이 관여했다. 이 단체는 연례행사로 세미나 개최, 기관지 〈예술평론〉지 발간 등을 하고 있었다. 그는 이 〈예술평론〉지의 주간직을 맡아 초기에는 반연간지로 냈는데, 서너 번 잊지 않고 작품분석을 의뢰해주기도 했다. 정을병, 정소성의 소설작품과 신동엽의 시극 작품을 분석했던 기억이 난다. 그리고 1994년도에는 회장직을 맡고 있었는데 예술 장르 전반에 걸친 종합 심포지엄에서 문학 쪽 주제 발표자로도 챙겨주었다.

이렇게 살아생전에 기회가 있을 때면 후배인 나를 불러주고 챙겨주었으니 맏형이 따로 있었던 게 아니지 않는가 싶다. 동숭동 대학로 골목 맥주집을 어깨를 맞대고 누볐던 일들이 어제 일처럼 생생히 떠오른다. 또 술이 거나하면 이난영의 '목포의 눈물'을 즐겨 흥얼거리던 모습도 떠오른다.

비록 사람은 갔지만 그가 남긴 그의 평론은 우리 후배들의 머릿속에 깊이 각인되어 있다. 신춘문예 당선작인 「현대문학과 민족의식」이라는 제목이 말하듯 그의 비평 활동 특징 중의 하나는 민족적 역사 상황의식을 바탕으로 하여 새로운 리얼리즘 문학의 건설에 주안점을 두었고, 또 역으로는 전후문학의 불건전한 요소의 풍토에 민족문학의 주체성 확립을 남달리 강조했는데 그런 점은 아직도 우리의 뇌리에 살아 있다.

언제나 맥주를 좋아하던 분, 늘 젊게 살려고 했던 분, 약간은 페미니스트 기질마저 있었던 분이 바로 최일수 선배였다. 1995년도 향년 71세로 돌아간 선배를 조문하고 아산병원을 다녀온 지도 어언 15년이 흘렀다. 그리고 그 자리에 조문 온 몇몇의 문단 선배들도 이미 고인이 되었구나 싶으니, 순간 나도 모르게 흠칫 놀라고 있다.

11. 미운 정, 고운 정 들었던 황명 시인

황명 시인의 본명은 황복동(黃福童)이다. 어쩌면 본명이 좀 촌스럽고 또 구태스러워 분명 필명을 썼으리라 본다.

그는 미남형에 속했고, 술자리를 마다하지 않고 그 누구하고도 잘 어울릴 정도로 사교적이며, 남자다운 호탕한 면도 있었다. 1931년생으로 나보다는 7살 위였고, 문단은 동아일보 신춘문예를 통해 1955년에 나왔으니 6년 선배가 된다. 두 번의 문협 이사장 임기를 마치고 명예이사장으로 물러나 있을 때인, 1998년도에 뇌출혈로 향년 67세로 작고했다.

황명 시인은 동국대를 나와 성남고교에서 첫 교직생활을 시작한 후 얼마 지나 휘문고교로 자리를 옮겨 33년간 봉직했다. 교직생활에서는 자기가 맡은 일이나 학교에서 주어진 일 이외에 남는 시간은 오로지 문단 일에만 주력해왔다. 글쓰기보다는 오히려 문인들과 어울리는 데 많은 시간을 보냈다. 그러다 보니 자연 교감이나 교장 승진과는 거리가 멀 수밖에 없어 끝내 평교사로 또 원로 교사로만 일관했다. 문협 이사장 시절에는 교사 직함과 이사장 직함이 어울리지 않아 연금의 한계 근무 연수인 33년을 꼭 채

우고 명퇴를 했다.

크게 보면 교직에서는 두각을 나타내지 못했고, 또 남 못지않을 만큼 시작 활동이나 시집 출간은 못했지만, 대신 그 반대급부로 문인단체의 수장을 두 번이나 지낸 셈이다.

내가 황 시인을 처음 만나 서로 통성명을 한 것은 1970년대 초쯤이다. 종로 2가 옛 화신백화점 부근에 있었던 민속주점에서였다. 그는 동국대 후배 문인들과 곧잘 나타나곤 했는데, 통성명을 하고부터는 우리는 단번에 친숙해졌다. 그의 고향이 창령이고, 내가 서부경남 출신이다 보니 이른바 '경상도 보리 문딩이'로서 별다른 거리감이 느껴지지 않았는데, 그 이후로는 더러 자리를 같이했다. 그런데 나도 1980년대 초부터 1990년대 후반까지 문협에 깊이 관여하면서 더욱 상종할 수 있는 기회가 많아졌다. 1980년대에 나는 문협 이사로 그는 시분과 회장으로, 그 다음은 그는 부이사장으로, 나는 평론분과 회장으로 또 그 다음은 그는 이사장으로 나는 부이사장으로 임원회의에서 자주 만났던 것이다.

그런데 임원회의에서 그와 나 사이에 더러 어떤 사안을 두고 언쟁을 할 만한 일이 생기곤 했다. 분과회장 대 부이사장, 부이사장 대 이사장 입장에서 주로 문협 운영 방식에 관한 일이었다.

그러나 비록 회의석상에서는 서로 의견 차이로 언쟁이 오갔지만 일단 일이 끝나고 식사 겸 반주를 한잔 하는 자리라면 기분 언짢다는 내색을 보일 만도 한데, 전연 그런 기색을 보이지 않는 것이 오히려 의아할 정도였다. 오히려 "자, 아우님 한 잔 하시게" 하며 술 한 잔을 먼저 권하는 아량과 배포를 보이곤 했다. 그것이 바로 그의 장점이었던 것 같다. 문협의 수장이 되는 데에는 그 나름의 사람 관리법이 있었지 않았나 싶다.

그가 처음 이사장직을 맡았던 1992년도에 문협 주최의 해외문학심포지엄을 카자흐공화국 수도 알마아타에서 개최했는데 나도 참여했다. 평론분과 회장으로서 대표성이 있으니 한국 측 주제 발표를 맡아야 한다고 그가 먼저 회의에서 천거해주었다. 그리고 신문사에 미리 보낸 주제 발표문의 일부가 여러 신문에 제법 크게 소개된 것을 보고 그가 즐거워했는데 나 역시 매우 즐거웠다.

그리고 그 뒤 내가 부이사장이 되고부터는 자연 여러 행사에도 우리는 실과 바늘처럼 참여했다. 특히 1997년도 7월에 캐나다 토론토에서 해외 심포지엄이 있었는데 또 주제 발표자로 참가도 했다. 지금 그때의 추억들이 새롭기만 하다.

이 모든 행사가 바로 그의 이사장 시절의 일이었고, 또 나는 분과회장 그리고 부이사장 시절의 일이었다. 만약 그가 나를 미워했다면 얼마든지 '찬밥 신세'를 만들 수도 있었는데 나를 늘 배려해주었으니 참 고마운 일로, 이는 곧 '미운 정 고운 정'이 깊이 들어서였다고 해석해 본다.

그는 평생을 이른바 '문협 맨'으로 살다 갔는데 너무 과작한 것이 무척 아쉽다.

여담이지만 또 한 가지 생각나는 일이 있다. 그가 이사장 재선에 출마했을 때 나는 부이사장으로 출마하면서 이사장 후보 조경희 선생을 내가 간접으로 밀었던 일이 있다. 당선 후 전연 일언반구 언급하지 않는 것을 보면서 그의 또 다른 면을 확인해 보았던 일이다.

12. 겹겹으로 얽힌 인연, 박성룡 시인

박성룡 시인은 평생을 언론계에 종사하다 타계했다. 〈사상계〉를 시작으로 한국일보, 주간한국, 서울신문 문화부장을 거쳐 편집 부국장까지 역임했다. 1932년생이니 나이는 나보다 6살 위였고, 문단은 1956년도에 〈문학예술〉지로 데뷔했으니 5년 앞섰고, 2002년 만 70세이던 해에 타계했다.

거의 반세기에 가까운 문단 연조를 보아 그는 다량 생산의 시인은 아니었다. 시집으로 『가을에 잃어버린 것들』(1969), 『춘하추동』(1970), 『동백꽃』(1977), 『휘파람새』(1982), 『꽃상여』(1987), 『고향은 땅끝』(1991) 등 도합 6권에다 산문집 『시로 쓰고 남은 생각들』을 남겨놓았다.

그는 자연친화적인 시인으로서 풀과 나무 등 자연 사물들을 즐겨 소재로 삼아 서경성과 서정성을 융합시킨 특징을 지니고 있다고 평가받았다. 1970년대에는 중학교 교과서에 처음으로 「풀잎」이라는 시가 수록되었는데 딸아이가 중학교 다니고 있을 때라 많은 인사를 받았다며 매우 기뻐하더라는 말을 전해 듣기도 했다. 뿐만 아니라 그 뒤 한참 후에는 문학교과서에 「과목(果木)」과 「교외」가 실려 시인으로서 그의 주가를 한층 더 올리기도 했다.

　그의 고향은 그의 시집명 『고향은 땅끝』처럼 전라도 '땅끝'이다. '땅끝'이라면 우선 해남을 떠올리겠지만 사실은 목포에서 가까운 화원면 바닷가이다. 광주고를 나와 중앙대 영문과를 졸업했다. 6남매의 막내로 일본 강점기에 징용 간 순박한 농부의 아들로 태어났고, 아버지는 그의 나이 13세 때인 1945년도에 돌아가셨고, 홀어머니마저 1962년도에 일찍 돌아가셨다.

　키는 중키 정도이고 용모는 아담한 편으로 순박한 인상이었다. 성격은 여성적이다 싶을 정도이고 그런 만큼 말수도 적으며 조용한 편인데, 그러나 한번 웃는다면 파안대소였다.

　이런 그와 내가 처음 만난 것은 내가 〈세대〉사에 근무할 때인 1960년대 중반이었는데, 그때 그는 〈주간한국〉에서 일하고 있었기에 서로 원고 관계로 오가면서 만났다.

　그리고 그 뒤 더욱 친숙해질 수 있는 기회가 온 것은 1975년도에 결성된 문인낚시회에 서로 두세 번 참여하고서부터였다. 서로 터놓고 이야기할 수 있는 자연스런 자리를 두어 번 갖다 보니 서로 비슷한 점이 있다는 사실을 알게 되었다. 시골 출신으로서 상경해 있다는 사실, 서로 각자 비슷한 나이에 아버지를 일찍 잃었다는 사실, 그리고 영문과 출신이라는 공통점 등이 우리를 쉽게 끈끈한 문정과 우정으로 엮어주었던 것이다.

　또 이런 인연이 있었기에 그가 서울신문사 문화부에 근무할 당시인 1983년도에는 그 지면에 참여할 수 있는 기회를 두 번씩이나 준 적도 있다. 첫 번째는 신년 특집 시리즈로 나가는 '문화계의 맥박'이라는 기획이었는데, 시인 박이도 씨와 내가 대담을 했던 일이다. 그리고 두 번째는 '고임돌'이라는 칼럼의 필자로 참여할 수 있는 기회를 주었던 일이니 이 모두 고마운 일이 아닐 수 없었다.

또 공교롭게도 우연의 일치 같은 인연 아닌 인연도 있었다. 1980년대 초에 문인해외시찰단의 일원으로 비록 팀은 달랐지만 다른 곳을 들러 그도 나도 요르단을 다녀올 수 있는 기회가 있었는데, 각 나라별로 그때의 기행문을 모아 행림출판사에서 1984년도에 『발길 따라 구름 따라』를 낸 적이 있는데, 바로 그 책의 요르단 편에 그와 나 꼭 두 사람이 글을 썼던 인연도 있다.

그의 사후에는 그가 남긴 도서 모두가 부산 동의대학교 도서관에 기증되었는데, 그의 사위가 바로 그 대학의 교수로 재직하고 있는 관계로 부인의 뜻에 따른 기증이었다고 한다.

그의 취미는 수석(壽石)을 모으는 것이었고, 노래 18번은 한때 금지곡이었던 '부용산'이었다. 저세상에서도 간혹 낚시도 하며 수석 탐석을 하고 다니는지, 또 기분이 좋으면 '부용산'도 한 곡조 뽑는지 이 모두가 몹시 궁금하기만 하다.

대학 정년을 맞은 지 어느새 8년차에 접어든 이승의 나는 한때나마 그와 잠시 어울려본 옛 취미를 되살려 낚시나 탐석을 하러 다니고 있으니 더욱 그런 생각이 든다.

13. 한글 전용 문학지 길을 연 시인 안장현

    안장현 시인은 1928년생으로 향년 75세로 2003년에 타계했다. 1957년도에 나온 시집 『魚眼圖』로 문단에 나왔다. 천상병 시인과는 6년제 마산중학교 동기 동창이기도 하다. '날아가는 참새도 차 한잔'이라는 우스갯소리를 들었을 정도로 정(情)도 많았지만, 반대로 불같은 성격도 있어 주변과 융화되지 못한 면도 있었다.
    내가 그를 처음 만난 것은 부산 문인들의 모임에서였는데, 알고 보니 이웃이나 다름없는 곳에 살고 있었는데, 그 당시 그는 부산고등학교에 재직하고 있었기에 학교에서 그리 멀지 않는 초량동에 셋집을 얻어 살고 있었다.
    다시 그 시집을 찾아내 펼쳐본다. 마침 「전쟁」이라는 시가 눈에 들어온다. "겨누는 것은/ 분명히 적이라는데/ 적이 아니라/ 그것은 나다// 포탄은 터져 날아갔는데/ 적의 심장을 뚫었다는데// 죽은 놈도/ 자빠진 놈도/ 그것은 나다"라고 6·25전쟁 체험 세대로서 전쟁에 대한 회의나 혐오에서 나온 그 시니시즘을 역설적으로 표현하고 있다.
    이런 그와 나는 한동안 만나지 못하다가 내가 서울에서 다시 부산으로 내려와 고교 교사를 할 때인데, 그는 그 당시 부산고에서 경남여고로 자리를 옮겼다가 부산여대(현 신라대) 조교수로 가 있었다. 그리고 그나 나는 1970년대부터는 아예 서울 사람이 되어 버렸다.

지금 나는 그의 일생을 한번 되짚어본다. 여러 면에서 그는 참 파란이 많았던 사람 중의 한 사람이 아닌가 싶다.

첫째, 교직생활만 해도 그렇다. 부산 남성여고에서 서울 무학여고로, 다시 서울에서 부산고등학교와 경남여고를 거쳐 부산여대로 또 부산에서 서울 덕수상고로 옮겨 서너 개 학교를 거쳐 신목교 교사에서 정년퇴임을 한 과정을 보아도 알 수 있다. 부산에서 서울로, 서울에서 부산으로, 부산에서 서울로 옮겨 다닌 것은 마치 '교직 유목민' 같기도 할 뿐 아니라, 더욱이 교수에서 끝내 평교사로 퇴임한 내력이 파란이 많았음을 말해주고 있다.

둘째, 1972년도에 부산생활 중 현모양처로서 음식솜씨가 뛰어났던 부인을 일찍 떠나보낸 것도 상처(喪妻)가 빚은 파란이 아닐 수 없다.

셋째, 평생을 살다 보면 누구나 크고 작은 병은 앓아보겠지만 결정적인 큰 병은 많아야 한두 번인데, 그는 무려 세 번이나 위기를 맞이했다. 나이 50대에는 직장암, 60대에는 척추 수술, 70대에는 뇌경색으로 쓰러졌으며, 결국은 복부대동맥 팽창 파열로 갔다.

넷째, 가난한 문인이면서도 한글 전용 운동의 문학지를 창간하여 어쩌면 필생의 집념이듯 전체 제작비를 거의 사비에 의존해

통권 40호를 낸 것도 어떻게 보면 자기가 좋아서 자초한 파란이 아닐 수 없다. 1956년도에 창간한 〈한글문학〉이 1958년도에 제2집이 나오고, 제3집은 1966년도, 6집은 1968년도, 7집은 1972년도, 8집은 7집이 나오고 14년 만인 1986년도에 나온 걸 보면 그 집념의 산고를 대충 짐작하리라 본다.

아무튼 이 〈한글문학〉은 그의 집념으로 40호까지는 명맥을 유지했다. 이 과정에서 나는 그를 다시 만났다. 1994년도 말이었다. 제5회 한글문학상과 신인상 시상 겸 송년회에 초대되어 문협 평론분과 회장 자격으로 축사를 한두 마디 남기기도 했다. 그리고 이것이 계기가 되어 1996년도 문협 부이사장 시절에는 '나의 문단 데뷔 시절'이라는 원고 청탁을 받았다. 20매 내외면 족할 수 있는 것을, 그도 돕고 또 '떡 본 김에 제사'도 지낼 겸 무려 40여 매를 써주었다.

그리고 또 세월이 흘렀다. 2003년도 봄이었는데 우연히 신문로에서 만났다. 누가 먼저랄 것도 없이 우리는 근처 생맥주집으로 갔다. 거기서 우리는 서로 그동안 지내온 이야기를 하다 마침 그의 부산고 제자인 동국대 김선학 교수가 문득 생각나 나의 정년 기념 문집에 실을 '인물평' 원고를 청탁해두었다고 했다. 그러자 세 사람이 오늘 자리를 같이하면 더욱 좋겠다며 그가 전화를 걸었다. 느닷없는 전화라 다음 기회에 우리 둘을 한번 모시겠다는 양해의 말을 들은 채 우리 둘만의 시간을 즐겁게 보냈다.

그런데 그만 불과 3개월 뒤에 이 세상을 떠나고 말았다. 제자 김선학 교수는 그날 은사가 직접 전화도 걸었는데 어쩌다가 한번 자리에 모셔보지도 못하고 떠나보낸 그런 안타까움을 뒤에 보낸 나에 관한 '인물평'의 끝자락에서 직접 밝혀두기도 했다.

그는 5~6권의 시집이 있고, 시전집 『빛의 소리』(1997)가 있으며, 이에 못지않을 정도로 5권의 수필집도 냈다. 그리고 제자들이 추모 2주기를 기해 『안장현과 한글문학』을 펴냈다.

이제 문득 1960년도 〈현대문학〉에서 읽었던 그의 수필 「이름 석 자」가 생각난다. 안장현(安章鉉)이라는 본명에서 앞으로 '장현(章玄)'이라는 이름을 쓰기로 했다며, 편할 것 같지 않아 성(姓) '편안할 안(安)'을 떼버리고 또 돈과 인연이 없기에 '현(鉉)' 자의 '쇠금'을 떼고 '현(玄)' 자를 쓰기로 했다는 내용이다.

사실 그 이후 그의 인생은 편안하지도 못했고 또 돈과는 아예 인연이 없었다. 그러나 그의 뒤에는 그가 남겨둔 문학이 있고, 또 고교 교직에서 길러낸 평론가 김선학, 시인 유자효 등이 버티고 있어 외롭지는 않으리라 본다.

14. 나의 결혼을 중매한 시조시인 이복숙 교수

이복숙 시조시인은 진주 출신으로 1932년생이다. 성균관대학교 대학원 국문과를 졸업하고 진주농대에서 잠시 전임강사로 있었다. 그 후 일본 도쿄대학원에서 비교문학 박사학위를 밟기 위해 약 5년간 유학했다. 그리고 1970년대 초반에 청주대학 교수로 와 있다가 그 뒤 건국대 국문과 교수로 옮겨와 재직 중인 1991년도에 향년 59세로 타계했다.

내가 이복숙 시인을 처음 만난 것은 1968년도다. 그 당시 그는 진주농대에서 근무하고 있었고, 나는 부산에서 고교 교사생활을 할 때이다. 여름방학을 이용해 하동군 옥종면에 있던 나의 고향집 방문길에서였다.

그 당시는 진주 출신의 문인도 극소수일 뿐만 아니라 마침 1966년도에 나온 그의 첫 시집 『이복숙 시조집』을 받았던 인연도 있고 해서 만나본 것이다. 시내에서 만나 반갑게 인사를 나누고 저녁식사도 대접 받았다. 교양국어를 가르치며 신문사 주간직도 맡고 있다 했다. 그리고 이런저런 이야기를 나누다 보니 마침 남동생이 나의 진주고 동기생이란 것도 알게 되었다. 내 친구의 누님이고 또 내가 남동생의 친구이다 보니 서로 더욱 친근감을 느낄 수 있었다. 식사가 끝나자 잘 곳이 마땅찮으면 마침 자기 집에 여유 방이 하나 있으니 거기서 유숙하고 가도 좋다는 것이다. 그 배려를 고맙게 생각하여 따라나섰다. 가서 보니 딸과 함께 단둘이서 살고 있었는데, 예쁘장하게 생겼고 인사성도 밝은 그 딸은 초등학교 5학년생이었다. 뒤에 이야기하겠지만 그 딸이 후일 어머니처럼 시인이 된 조여주다. 초면의 나를 진주와 연고가 있다고 또 남동생의 친구라고 잠자리까지 배려해주었으니 참 고마운 분이라 여겼다.

그리고 몇 년이 흘렀다. 1973년도다. 그때 나는 부산생활을 정리하고 서울에 와서 외국어학원을 운영하고 있을 때였다. 그가 일본에서 돌아와 청주대 교수로 나가고 있을 때인데 하루는 시내에 볼일이 있어 나왔다가 나의 학원을 방문했다. 몇 년 만의 참 반가운 해후였다. 지난날 진주에서 극진한 대접을 받은 것이 생각나 그날 저녁 정성껏 접대를 했다. 그리고 그 뒤에 두서너 번 더 방문하다 보니 그는 나에 관해서는 물론 나의 집안 사정도 훤히 알게 되었다. 그때 나는 고향집의 가족들을 서울로 솔가해서 살고 있긴 했지만 혼자였다. 이런 사정을 안 그는 어느 날 자기 주변에 괜찮은 규수감이 두세 명 있는데 중매를 한번 서보겠다는 것이다. 갸륵한 일이라 서로 노력해보자 했다.

첫 소개가 들어왔다. KAL의 국제선을 타는 스튜어디스였다. 두어 번 미팅을 하고 나서 곰곰이 생각해보았다. 덜렁 외형과 외모에만 혹해 다른 여러 가지를 무시했다가 나중에 오히려 화가 되지 않을까 싶기도 했다. 하늘에서 인생이나 삶을 내려다보아왔던 상대라 다소 겁도 났다. 만약 내가 부잣집 아들이라면 몰라도 공연히 욕심을 부릴 일은 아니다 싶었다. 사실 지금은 스튜어디스가 흔하고 흔한 세상이 되어 있지만, 그 당시에는 선택된 아가씨들의 선택된 직업이라 그 자존심이나 혹시 사치한 허영심이 있다면 내가 감당할 수 없을 것 같아 포기하고 말았다.

두 번째로 소개받은 사람이 바로 지금 나의 아내가 되어 있다. 같은 청주대 교수의 딸로 당시 국민학교 교사라는 것이다. 여러 면으로 보아 무난한 혼반이라 싶어 결혼을 했던 것이다. 그럭저럭 결혼생활이 40년 가까이 흘렀는데 지금 생각해봐도 현명한 선택이지 않았나 싶다.

어쩌면 나의 안사람은 우연의 일치이겠지만 중매를 선 이 교수의 시 「어떤 침묵」을 몸과 마음으로 실천해왔다 싶다. 5연으로 된 그 시 중 참고적으로 1연에서 3연까지를 소개해보면 이렇다. "보지 않았습니다/ 어쩌다가 보이면/ 못 본 걸로 합니다// 듣지 않습니다/ 어쩌다가 들리면/ 못 들은 걸로 합니다// 말하지 않습니다/ 어쩌다 말문이 터지려 하면/ 입을 꼬옥 다물고/ 숨을 크게 쉰 다음/ 꼴깍 한 모금 침으로 삼켜버립니다". 말하자면 아내는 이런 식으로 생활해왔다 할 수 있다. 한때는 할머니와 어머니 그리고 우리 부부와 아들과 딸, 이렇게 4대가 살다 보면 아무리 화목하다 해도 약간의 갈등과 스트레스가 있기 마련인데 이 시의 내용 '三不'을 몸과 마음에 익혀 살아오다 보니 아내는 '효부' 소리를 들었고, 덕분에 나도 '효자' 소리를 들었으니 축복이 아닐 수 없었다.

중매 선 이복숙 시인에게 지금도 감사하고 있다.

그런데 이게 웬일인가! 1992년도에 문협 해외 심포지엄의 주제 발표자로 모스크바를 경유해 카자흐스탄의 수도 알마아타로 가는 길에 모스크바에서 지난 시절 12살이었던, 이복숙 시인의 딸을 뜻밖에도 만난 것이다. 어머니처럼 시인이 되어 그 행사의 일행으로 참여한 것이다. 어언 24년의 세월이 흐르다 보니 30대 중반의 어엿한 주부시인이 되어 내 앞에 선 것이다. 반갑고 반가워 여러 정다운 이야기를 나누다 어머니 안부를 물었는데 또 이게 웬일인가! 바로 작년에 돌아가셨다는 것이 아닌가! 물론 결혼 당시에야 중매의 고마움에 대한 예를 갖추긴 했지만 그 후로는 그동안 전화 한 통도 없었던 무관심이 순간 심히 부끄러웠다. 또 그 당시 내 나이 비록 50대 중반이었지만 그의 죽음에서 속절없는 세월의 무상도 느껴져 실로 만감이 서려왔던 기억이 떠오른다.

지금 나는 이복숙 교수가 보내준 시조집 『이복숙 시조집』(1966), 『默蘭』(1967), 『숲에 내린 하늘』(1987)을 꺼내 보고 있다. 또 그의 딸 조여주 시인과 함께 모스크바대학 앞에서 둘이 나란히 찍은 기념사진을 들여다보며 잠시 감회에 젖어본다. 12살의 그 소녀가 두 번째 만남에서는 36세의 주부로 서 있고, 또 지금은 50대 중반쯤의 중년부인이 되어 있구나 싶으니 어차피 가는 세월을 막을 수 없는 일이다 싶다.

15. 의창 수필의 개척, 수필가 박문하

　부산에서 의사 수필가로 활동했던 박문하 선생은 1975년도에 간암으로 58세를 일기로 타계했다. 그분은 나보다는 무려 20세나 연상이었지만 문학 활동은 나와 비슷한 시기에 출발하였다.
　1960년대 이전부터 의료관계 기관지나 잡지에 수필을 종종 발표했고, 1960년에는 『배꼽 없는 여인』이라는 재미있는 제목의 수필집을 낸 바 있다. 이를 계기로 부산 양대 일간지의 칼럼 외부 필자로서도 자주 글을 썼다. 그 뒤 작고할 때까지 『인생쌍화탕』(1963), 『약손』(1965), 『씨 뿌리는 사람들』(1968), 『낙서인생』(1973) 등 여러 권의 수필집을 냈다.
　1963년도라고 기억한다. 그분이나 나나 이미 지역신문 칼럼의 필자로 참여한 바 있기에 서로가 지면으로는 이름을 익히 알고 있었지만 첫 만남은 문협 부산지부 모임에서였다. 언뜻 장신의 거구인 듯한 체격인데 호남형의 인상에다 생김도 준수해 보였다. 모임이 있는 날이면 병원의 원장으로서 수입이 상대적으로 넉넉한지라 더러 술과 밥을 샀다. 두주불사(斗酒不辭)의 성격이라 그런 자리에서 약간 술이 오르면 더러 배꼽 잡는 구수한 농담에다 유머도 곁들여 자리를 흥겹게 해주곤 했는데 역시 그의 '의창 수필'에서도 보이듯 좌중에서도 그런 진면목이 유감없이 나타났던 것이다.

의사가 된 경위는 청년시절에 병원의 조수로 일하다가 독학으로 의사 검정시험에 합격한 것이 계기였고, 한국전쟁이 났을 때에는 군의관 생활도 했으며 그 후 동래시장 입구 큰길가에 '민중의원'이라는 병원을 개업했다.

그분과 나는 나이 차이야 물론 많았지만 더욱 가까워질 수 있었던 것은 나도 칼럼을 쓰면서 수필에 관해 깊은 관심을 가지고 있었기 때문이다.

그 당시 그분은 부산에서 수필을 쓸 만한 분들을 규합하여 전국적으로 보아 최초의 수필 동인회라 할 수 있는 부산 '수필동인회'를 만드는 데 중추적 역할을 했다. 창간호 〈Essay〉(2호부터 〈수필〉로 제호를 바꿈)가 나왔을 때 한 권 주면서 참여한 회원의 평균 나이가 40세 전후인 것을 생각하여 이 선생도 나이가 30세만 넘었어도 참여할 수 있었는데 하고 매우 아쉽다는 인사말까지 곁들였다.

그 후 몇 년이 지나서 한번은 병원으로 직접 찾아간 적이 있다. 고교 교사생활을 할 때인데 마침 어느 날 오후 늦게 그분의 병원 근방으로 학생지도 가정방문차 갈 일이 있어 갔다가 그 길에 들러보았다. 반갑게 맞이하면서 병원 문을 닫을 시간이 거의 되었으니 조금 기다렸다가 함께 나가자는 것이다. 간 곳은 동래파전으로 유명한 단골집이었는데 그곳에서 막걸리에다 파전 안주를 푸짐하게 대접을 받았다. 이런저런 이야기를 나누다 병원 이름에 '민중'이 들어가서 심히 곤욕을 치른 이야기를 들려주었다.

5·16 군사정부가 들어선 어느 해, 정보계에서 '민중의원'이라는 병원 이름이 불손하다며 '민중' 자를 빼라고 압력을 넣더라는 것이다. 결국 공연한 확대 해석의 오해였지만 거기에는 그럴 만한 이유도 있었다고 했다. 손위 형님 중에 사회주의 계열의 항일 독립운동가가 있었기에 불온한 이름이라 하여 의심을 받았다는 것이다. 그리고 또 바로 그분의 누님이 일제 강점기에 중국으로 망명해 '의열단' 단장인 김원봉과 결혼했는데, 누님은 여자의용군 대장으로 일본군과 싸우다 해방 바로 전 해에 34세로 돌아갔지만, 해방 후 자형인 김원봉이 1948년 남북협상 때 월북 그리고 1958년 숙청되기 전까지 공산당 주요 간부를 한 관계로 또 역시 자기가 당국의 요시찰 인물로 지목되어오다 보니 병원 이름까지 의심을 받게 되었다는 것이다. 자기는 군의관으로 근무한 전력도 있고, 또 추호도 사상적으로 의심받을 일이 없기에 배짱으로 버티어 냈다면서 껄껄 웃었다.

그 일이 있고 얼마 있지 않아 나는 서울로 생활 근거를 옮기다 보니 그것으로 일단 인연은 끊기고 말았는데, 뒤에 듣고 보니 문협 부산지부장도 지냈고 또 장성한 아들이 익사한 일이 있어 한때나마 침통한 나날을 보낸 적도 있었다고 한다.

그는 비록 58세에 갔지만 1960년대의 한국 수필문학 발전에 많은 기여를 했다. 특히 의사 수필가로 이름을 드러낸 최신해, 한국남, 김사달 등과 함께 이른바 '의창 수필'의 길을 여는 데 일조를 했다. 육체적인 병과 정신적 결함에서 오는 인간심리에서 많은 소재를 찾아 유머러스하고 재미있는 많은 글을 선물하고 그는 갔다.

저세상에 가서도 그는 그럴 만한 문인들과 어울려 즐겨 술을 들며 구수한 육담을 안주 삼아 풀어놓고 있을 듯도 싶다.

16. 평론가 이광훈과 나의 <세대>사 시절

금년(2011) 7월에 한 통의 전화가 왔다. 전직 장관에다 4선 의원을 지냈지만 정계에서 은퇴한 후 이제는 글쓰기에만 전념하고 있는 김중위 사백으로부터였다. 나이도 같고 또 젊은 시절 한때 비록 지면은 달랐지만 종합지에 근무했던 이력에서 동류의식을 느껴 글벗으로 지내오고 있던 사이였다.

전화의 내용인즉, 오늘 관훈클럽에서 연락이 왔는데 거기서 이광훈 씨 기념문집을 만들 계획을 추진하고 있더라며 혹시 알 만한 필자가 있으면 원고 부탁을 해주면 좋겠다는 청을 받았다는 것이다. 생각해보니 언뜻 내가 떠오르더라는 것이다. 사실 이광훈 씨와 나와의 인연을 잘 알고 있는 처지이긴 하지만 일부러 작고 소식과 함께 원고 청탁을 해오니 한편 고마운 생각도 들었다.

그런데 처음 그 전화를 받았을 때 순간 나는 놀랐다. 그의 타계 소식이 나에겐 금시초문이었기 때문이다. 몇 달 전에 지병으로 타계했다니 바깥소식이 캄캄절벽인 나의 무관심이 심히 부끄러웠다.

약 1년 전이다. 서로 사는 길이 약간은 달라 만난 지가 하도 오래되었기에 내가 직접 서초동 댁으로 전화를 한 번 걸었다. 서로 안부를 물으며 이제 더 늙기 전에 언제 한번 얼굴이나 보자고 약속했던 일이 있다. 이젠 그 말이 영 공수표가 되었구나 싶으니 무정한 세월이 야속스럽기만 하다.

내가 이광훈 씨를 처음 만난 것은 1964년 5월경이었다. 문단에 데뷔한 지 3년째 되던 해다. 부산대 대학원에 합격을 해놓았으나 입학금이 마련되지 않아 입학을 단념하고 우울하고 어정쩡한 기분으로 지내고 있던 차에 '에라, 어디 서울 바람이나 한번 쏘이고 오자' 하고 나섰던 길에 종로 어느 다방에서 다른 친구들을 만나는 자리에서 우연히 만나게 되었다.

그는 당시 창간된 지 채 1년도 안 된 종합지 〈세대〉지의 편집장을 맡고 있었는데, 1962년 고대 재학시절부터 동인지 〈비평작업〉의 동인으로 활동해왔으며 또 1964년도에 월간 〈문학춘추〉에 평론으로 등단했기에 비록 초면이긴 하지만 서로가 알 만한 처지였다. 지금과는 달리 문인, 특히 평론가가 귀한 시절이라 장르상의 동지를 만났다 싶어서인지 나에게 특별한 관심을 보이는 것이었다. 여러 대화 중에 지나가는 말로 기회가 있으면 서울에서 문학활동을 하고 싶다는 내 뜻도 슬쩍 한번 비추어보기도 했다.

그런데 이 말이 씨가 될 줄은 정말 몰랐다. 바로 그해 8월 말쯤에 〈세대〉사에서 같이 일해보지 않겠느냐는 편지가 그에게서 온 것이다. 부산대를 나온 지방의 평론가가 서울생활을 할 수 있는 참 좋은 기회라 싶었으니 어찌 마다했겠는가.

이 기회를 결국 이광훈 평론가, 아니 이광훈 편집장이 마련해준 셈이니 어찌 고마운 일이 아니었겠는가.

그해 9월부터 오랜 기간은 아니었지만 약 1년 넘게 같이 일을 했다. 글 쓰는 젊은이로서 새로운 환경에 익숙하면서 정말 일할 맛이 나는 직장이란 생각도 해봤다.

종합교양지로서 제호가 상징하듯 세대교체나 세대의 벽을 좁히기 위해 창간된 종합지이다 보니, 독자들은 주로 20대와 30대를 겨냥함과 동시에 필자들도 〈사상계〉에 비하면 훨씬 젊은 세대가 맡았다. 은연중 자부심도 생겼다.

이 과정에서 나는 좋은 경험과 좋지 않은 경험도 해봤다. 좋은 경험이라면 기라성 같은 다방면의 필자들을 만나는 계기가 되기도 했는데, 특히 신출내기 평론가로서 여러 선배문인들을 알게 된 경우가 큰 덕이면 덕이었다 싶다.

반대로 좋지 않은 경험이라면 세칭 '황용주 반공법 위반 필화사건'으로 두어 번 검찰청에 호출당한 일이다. 담당기자 겸 참고인 신분으로 불리어 갔는데 내 평생 그것이 처음이요 또 현재로 마지막이 되지 않나 싶으니 결코 유쾌한 기분이라고는 말할 수 없다.

같이 일하면서 내가 지켜본 이광훈 씨는 머리 회전이 빠르고 기획력도 있었다. 그래서 그는 1963년도부터 1977년도까지 무려 14년간 '세대 맨'으로 일했지 않았나 싶다. 편집장, 주간, 사장을 두루 거쳤는데, 〈세대〉사 창간 당시의 실질적인 주인이요 5·16혁명의 주체세력 중의 한 사람이었던 이낙선 청와대 민정수석, 뒤에 국세청장과 상공부 장관을 지낸 그분과는 같은 안동 출신으로 먼 친척뻘이 되는 핏줄의 신뢰감도 물론 있었겠지만, 그보다도 더

우선적인 것이 그의 능력이었으리라 본다.

그의 이런 능력은 후일 직장을 옮겨서도 증명되었다. 1977년도에 〈세대〉사를 그만두고 경향신문 논설위원으로 직장을 옮겨서는 문화부장, 편집국장, 논설주간, 출판담당 상무, 논설고문 등을 거친 것만 봐도 알 수 있다.

그러나 아쉬운 것이 하나 있다. 언론인으로서는 자기 성취를 이루었다 할 수 있으나 평론가로서는 반타작도 못했지 않나 싶어 못내 아쉽다. 교수생활을 하면서도 끝까지 평론활동을 놓치지 않으려고 안간힘을 다 쓴 나와는 달리 그는 중도 하차한 셈이니 더욱 그런 생각이 든다. 1964년도부터 약 20년간은 종합지 책임자로서, 또 그 후 언론인으로 자리를 옮긴 초기쯤까지는 그나마 간헐적으로 평론활동을 했는데 그 후는 아예 손을 씻고 언론인으로서만 충실했다.

20대 혈기왕성한 신진평론가로서 만난 우리의 인연이, 그는 언론인으로서 나는 교수로서 비록 가는 길이 달랐지만 그도 끝까지 평론활동을 놓치지만 않았다면 우리의 우정은 더 깊어졌으리라 본다.

남긴 저서로는 언론인 논객으로서 칼럼집 『메시아의 모범답안』과 『칼국수와 판도라의 상자』가 있다 하니 좀 위안은 되지만, 평론집이 한 권도 없으니 문학 동지로서 서운한 생각도 든다.

내가 알기로는 약 20여 편의 평론이 발표된 걸로 알고 있는데, 평론집 한 권의 분량은 되리라 본다. 비록 사람은 갔지만 그의 평론집이라도 한번 엮어졌으면 하는 마음 간절하다.

1. 나와 천상병의 부산시절

나 하늘로 돌아가리라
새벽빛 와 닿으면 스러지는
이슬 더불어 손에 손을 잡고

나 하늘로 돌아가리라
노을빛 함께 단둘이서
기슭에서 놀다가 구름 손짓하면은

나 하늘로 돌아가리라
아름다운 이 세상 소풍 끝내는 날
가서, 아름다웠더라고 말하리라

천상병 묘비에 새겨진 자작시 「귀천(歸天)」이다. 이 시제는 아내 목순옥 여사가 1985년도에 인사동 골목길에 문을 연 찻집 겸 주점의 상호가 되어 있기도 하다.

하늘나라로 간 천상병은 하늘나라에서도 역시 '귀천'이라는 술집을 차려 오늘도 그곳에 있는 문우들과 어울려 술을 마시며 여전히 '세금'을 거두고 있는지가 참 궁금하다.

그의 세금 거두기는 20대에 시작된 생활 수단이었다. 용돈 내지 술값 정도로 아는 이들에게 받아내는 것인데, 너무도 당당한 태도로 요구하는 것이어서 '세금'이라 불렀다.

이런 천상병을 내가 부산에서 처음 만난 것은 1960년대 초였다. 그가 행려병자로 입원되어 있었던 시절 이야기나 그간의 서울생활은 입이나 글로 제법 알려져 있으나 부산생활만은 크게 알려져 있지 않다. 그는 그 당시 서울에서 부산으로 내려와 부산철도청 공무원이었던 큰형님 집에서 기식을 하며 한동안 낭인 생활을 하고 있었다. 이를 보다 못해 〈국제신보〉 문화부장으로 있던 아동문학가 최계락 씨가 역시 그 신문기자 출신으로 시장 비서실에서 일하고 있는 옥(玉) 비서에게 청을 넣어 촉탁 공보비서로 자리를 얻게 해서 시장의 축사나 식사 원고를 작성해주고 있었다. 당시 5·16혁명의 성공으로 김현옥 씨가 육군 준장 현역으로 부산시장 직무를 맡고 있었다. '군인시장'이라는 이미지를 벗기 위해 일부러 '문화시장'임을 표방하며 신문사 기자들이나 문화예술가들을 각별히 가까이해주던 시절이라 가능했다. 그것이 그의 전 생애를 통틀어 처음이자 마지막 직장생활이었는데 그것도 꼭 1년간이었다.

그 당시 나는 군에서 제대해 복학생으로 부산대학교를 다녔다. 1961년도에 〈현대문학〉으로 평단에 데뷔하여 학생 신분으로 부산문인협회 회원이 되어 모임이 있는 때면 자주 드나들고 있었다.

이듬해는 평론가가 밥의 뉘 정도였으니 평론분과 위원장도 맡고 있었다. 전 장르를 합해 문인의 수가 20여 명 안팎이었던 까마득한 시절이었다.

1962년도라고 기억된다. 부산문인협회 회식 자리에 그가 나타났기에 처음으로 인사를 나누었다. 서울상대 2학년 때 시인으로 데뷔했고 또 평론 활동도 하고 있었으므로 동류의식에서 많은 이야기를 나누었다. 첫인상이 참 이상하다 싶었다. 키도 작고 안색은 거무스름하고 코는 납작하고 이마는 짱구였다. 재담과 기억력을 보아 그날 나는 천재형 추남 선배를 한 분 만났다는 생각이 들었다. 그 당시 우리는 그를 우스갯말로 제 마음대로 생겼다는 반어적 별명으로 '실존적 미남형'이라 불렀던 기억이 새롭다.

그리고 얼마 지나서 광복동 뒷골목에 있는 글쟁이들의 단골 술집에서 그를 만났다. 간단히 한잔 하고 헤어지는데 집이 어디냐고 묻기에 초량역 부근이라 하니 자기 큰형님 집도 거기서 아니 멀리 있다며 같이 가자는 것이다. 초량역까지 버스를 타고 와서 같이 내려 내 큰삼촌의 수도 사업소 점포에 들러 곧바로 초량시장 개울가에 있는 단골 곰장어집으로 갔다.

그 당시 나는 길가에 있는 사업소의 점포 방에서 잠을 자고 밥은 살림집에서 먹고 다녔다.

술이 좀 오르니 쉴 새 없이 재담과 명동 시절의 이야기에다 난생처음 들어보는 갖가지 에피소드를 마구 쏟아냈다. 나는 문단의 초년병 시절이라 문단이나 문인들 이야기가 그저 새롭고 신기하기만 해 듣고만 있었다. 그날의 백미급 이야기는 소설가 한무숙

댁에서 식객 노릇을 할 때 있었던 이야기였다.

한 여사의 바깥 분은 그 당시 은행가였다. 상대적으로 살림이 꽤 넉넉하고 또 부인이 작가이니 부부 모두가 가난한 문인들에 대한 이해심이 각별했다. 아예 오갈 데 없는 문인들에게 문간방까지 내주며 밥까지 공짜로 먹여주었다.

그가 식객 노릇을 할 때 어느 날 밤에 술 생각이 간절해 평소 보아두었던 안방 화장대 위의 양주병이 눈에 얼른 들어와 부부가 잠든 사이 도둑고양이처럼 몰래 살금살금 들어가 어둠 속에서 더듬어 갖고 나와 그 자리에서 마셔보았는데 이게 웬걸, 향수병이었다나!

뿐만 아니라 술에 만취해 이부자리에 지도를 그린 이야기, 또 선물로 들어온 맥주 상자에서 몰래 맥주병을 뽑아내어 마시고 물을 채워 눈가림했던 이야기 등등을 들으며 포복절도를 했다.

그날 밤은 여기서 끝난 것이 아니다. 형님 댁이 멀지 않고 자기가 단칸방을 혼자 쓰고 있으니 한사코 같이 가자는 것이다. 할 수 없이 끌려가다시피 해 동침을 했는데, 그것이 그와 나 사이에는 이 세상에서 있었던 처음의 동침이요 마지막 동침이었다.

이를 계기로 우리는 매우 친해졌다. 그 뒤 시내로 오가는 길에 심심하면 점포에 들렀는데 나의 삼촌과도 구면이 되었다.

부산시절 그의 버릇 중의 하나는 시청 부근에서 술을 한잔 걸치고 집으로 갈 때에는 좀체 버스를 타지 않고 걸어 다녔다는 것이다. 제법 먼 거리였다. 중간에 술이 깬다 싶으면 이 술집 저 술집에 들러 소주 한두 잔씩 걸치고 그 힘으로 다녔다. 소주가 바로 그의 차체(몸)의 휘발유였다.

그런 그인지라 나는 꽤 여러 번 억지로 야밤에 술벗이 되어준 경우가 있었다. 학생이라 나에게 용돈이 넉넉할 리 없다. 서울의 〈현대문학〉사에서 원고료가 내려온 경우나 아니면 부산일보나 국제신보에 쓴 칼럼이나 문화시평 등의 원고료를 모아두었다가 한꺼번에 받은 경우를 제외하면 늘 푼돈 신세였다.

그렇지만 밤에 간혹 들를 때면 그냥 보낼 수 없어 요사이 돈으로 2~3만 원 범위 내에서 꼭 대접을 해주곤 했다.

때론 아주 늦은 밤에도 들를 때가 있었다. "이유식 씨, 이유식 씨!" 하고 큰소리로 부르며 점포 덧문을 두드리는 통에 어떤 때는 귀찮아서 자는 체해보기도 하고, 또 어떤 때는 좀 야박하다 싶게 대해보기도 하고, 이웃에 피해를 준다 싶으면 벌떡 일어나 곧장 곰장어집으로 데려가곤 했다.

한번은 역시 밤늦게 미술 평론가 이일(李逸) 씨를 대동했다. 술이 다 거나했다. 이일 씨는 뒤에 홍익대 미술과 교수가 되었지만, 잠시 부산에 내려와 있으면서 신문에 미술평을 쓰고 있었다. 이름은 서로 알았지만 첫 대면이라 대접을 하지 않을 수 없어 역시 단골 곰장어집으로 안내했다.

이런저런 이야기를 나누다 농으로 오늘 김현옥 시장이 자기 글을 대독(?)했는데 말하자면 자기가 시장보다 더 높다고 큰소리를 치며 깔깔거렸다. 재담꾼은 역시 재담꾼이었다.

서울에서와 마찬가지로 부산에서도 여전히 아는 사람만 만나면 손을 벌렸다. 술 한잔 마실 수 있는 정도의 애교 있는 구걸이라 누구도 뿌리칠 수 없었다. 특유의 생김새에다 특유의 웃음을 띠며 한쪽 손을 받쳐 들고 손바닥을 날름 내미는 것을 보면 우습기도 하고 순진스럽기도 해 누구나 모르는 척할 수가 없었다.

나의 삼촌도 한번은 시청 수도과에 들렀다가 나오는 길에 그를 만났는데, 역시 안다고 반기면서 손을 내밀기에 세금(?)을 냈다며 웃었다.

나는 대학을 졸업한 후 서울로 와 기자생활을 잠시 하다 보니 그와는 인연이 끊겼는데, 서울에서 그를 다시 만난 것은 1970년대 초였다. 대학생 신분이었던 나의 부산시절과는 달리 명색이 외국어학원 원장을 하고 있었으니 세금의 등급도 자연 올랐다. 두어 번 요구액을 반타작하여 손에 쥐어준 기억이 난다.

그러다가 1980년대 후반에 '귀천'에서 두어 번 만나고는 우리는 영원한 이별을 한 셈이다. 아무튼 그는 문단야사에 남을 기인(奇人)이다. 그 좋다는 서울대 상대를 학교 다니기 싫어 4학년 2학기에 그만둔 행적, 수많은 기행(奇行), 평생 직장생활 1년이란 기록에다 평생 거의 식객 노릇을 하다 간 그의 삶을 과연 그 누가 흉내 낼 수 있을까.

기인도 팔자가 아닐까. 내가 만약 그의 입장이나 처지가 되었다면 머리를 깎거나 아니면 스스로 생을 마감했을 성싶다.

나는 지금 그의 인생을 다시 한 번 생각해본다. 만약 그가 상대를 졸업하고 취직만 원했다면 학업성적이 좋아 한국은행에 무시험으로 들어갈 수 있었을 것이다. 그렇게만 되었다면 시인 겸 착실한 생활인이 되었음엔 틀림없었을 것이다.

기질과 팔자소관이 영원한 보헤미안이다 보니 기인이 되었다 싶은데, 과연 어느 쪽이 성공적인 삶이었을까를 생각하면 알 길이 없다. 그나마 내가 이런 글을 쓰는 것도 화제를 뿌린 기인 시인이기 때문이라고 볼 때, 그는 이 세상에 와서 그래도 족적을 남기고 떠났다 싶다.

언젠가는 나도 하늘나라로 돌아갈 것이다. 하늘나라의 '귀천'에서 다시 만나 그가 보지 못한 이 세상의 아름다운 이야기를 전해주며, 이 세상의 어느 쪽 삶이 더 값질 수 있었겠느냐고 물어볼 생각이다.

2. 인생이 두 동강 난 시절의 구자운 시인

　구자운이라는 시인이 있었다. 새로운 젊은 세대의 시인들에겐 거의 잊혀져가고 있는 이름이다. 1926년생이니 나보다는 12살 위였고, 1956년도에 〈현대문학〉으로 등단해서 1958년도에는 제4회 '현대문학신인상'을 받아 한때 촉망받았던 시인이다.

　그래서 등단 초기 시절만 해도 그는 행복했다. 대한광업협회 총무라는 안정된 직장도 있었고 또 예쁜 아내와도 잘 살고 있었다. 그리고 1960년대 초에는 전후 젊은 세대의 모임인 '전후문협'의 간사도 맡았고 또 박희진, 성찬경 등과 '60년대 사화집' 동인으로도 활동했다.

　그런데 그만 불행한 일이 생기고 말았다. 그러다가 1972년도에 46세의 나이로 짧다면 짧은 16년이란 시단 이력을 남기고 저세상으로 떠났으니 지금 그를 기억할 만한 사람은 분명 그렇게 많지는 않으리라 본다.

　그 불행한 일이란 다름 아닌 평지풍파와 같은 아내와의 불화사건이다. 1960년대 초쯤 일이라 기억되는데 그것은 어찌 보면 그의 얄팍한 동정심이 화근이었다. 지금 이름을 대면 천하가 다 알

만한 K시인이 환속을 하여 서울에서 동가식서가숙할 무렵, 친구로서 우정으로 자기 집에 기식을 하게끔 배려해주었는데 그것이 그만 화근이 되고 말았다. 본인이 출근을 하고 나면 집에는 그와 아내만 달랑 남아 있다 보니 그만 서로 정이 통했던 것이다. 문단에서는 이 일이 한때 술안주 감이 되어 이러쿵저러쿵 말이 많았다. 숙식까지 제공해주었는데 적반하장이라느니, 배은망덕이라느니 하는 질타의 소리도 높았고, 또 반반한 미인 아내를 두면 유혹의 손길이 뻗치기 십상이라 단속이나 관리가 참 어렵다는 동정론도 나오기도 했다.

말하자면 이런 시기에 그는 고향이기도 한 부산으로 내려왔던 것이다. 자유당 시절 사회부 차관을 지낸 언론인이자 수필가인 오종식 선생이 1962년도에 현재의 국제신문 전신인 국제신보 사장으로 취임하면서 같이 내려온 것이다. 직장을 그만두고 아내와 별거하고 있는 그의 처지를 딱하게 생각한 평론가 이어령 씨가 그분에게 청을 넣었다 했는데, 논설위원으로 내려와 이병주 씨가 맡았던 칼럼 '도청도설'을 매일 전담하게 되었다.

그 시절에 나는 그를 처음 만났다. 그 당시 국제신보 지면에 나는 칼럼이나 문학월평을 쓰고 있었는데, 그와 나는 같은 〈현대문학〉 출신이라는 동류의식에서 원고 전달 차 들르는 길에 일부러 논설위원실에 들러 서로 인사를 나누었고 또 그 뒤 자주 들르게 되었다.

그는 오척단신에다 무엇에 놀란 듯한 큰 눈을 가졌고, 또 마치 영국시인 바이런이 오른쪽 다리를 절었듯이 그도 소아마비로 왼

쪽 다리를 절며 퇴근 시간이면 곧잘 광복동이나 남포동에 나타나곤 했다.

그 당시 그는 직장인 국제신보사에서 걸어서 5~6분이면 닿을 수 있는 동광동 뒷골목 추어탕집의 2층 다다미방을 얻어 잠을 자며 매식하고 있었다. 그와 여러 번 어울리는 과정에서 통금이 있던 시절이라 그 방에서 두어 번 동침을 했던 기억이 난다. 나는 군대를 다녀온 학생평론가 시절이라 삼촌댁에 기식을 하고 있었기에 어디든 하룻밤만 자면 되는 시절이었다.

그는 간혹 퇴근 시간이면 남포동 선창가에 나가 고래고기를 즐겨 들곤 했다. 역시 두어 번 어울려도 보았는데 그의 「벌거숭이 바다」라는 시도 결국은 이곳에서 얻은 시상(詩想)이 아닌가 싶다. 혼자 술잔을 기울이며 비 내리는 여름 바다를 물끄러미 바라보고 있노라면 문득 자기 처지나 신세가 떠올랐을 것이다. 그 시는 이렇게 시작되고 있다.

비가 생선비늘처럼 얼룩진다
벌거숭이 바다 괴로운 이의 아픔 극약의 구름

그렇다. 아무 것도 걸치지 않고 마치 온몸으로 비를 맞고 있는 듯한 '벌거숭이 바다'는 '벌거숭이'인 자기 신세였을 것이고, 비를 맞고 있는 바다의 아픔은 어쩌다 난타당한 듯한 자기의 아픔이었을 것이다. 또 바다에 비를 마구 흩뿌리고 있는 구름이야말로 마치 자기 인생에 불행을 뿌려준 극약 같다고 생각했을 것이다.

그런데 논설위원으로서 이런 부산생활도 불과 2년간이었다. 1964년 6월에 다시 서울로 올라왔다. 그리고 결국은 1972년 12월에 동대문구 면목동 전세방에서 타계하고 말았다. 아내와의 이혼에서 온 삶의 패배감과 생활의 어려움을 노상 술로 달래다 저세상으로 간 것이다.

그는 참 선하고 착한 사람이었다. 친구 하나 잘못 둔 탓에 삶이 반쪽 나고 인생도 두 동강이 났다 싶으니 애석하기 그지없다. 그 장본인은 지금도 떵떵거리고 잘 살고 있으니 인생이야말로 정말 수수께끼투성이요 모순 덩어리이구나 싶은 생각도 든다.

그는 시집으로 유고시집 『벌거숭이 바다』와 첫 시집 『청자수병』을 남겨놓고 떠났다. 특히 초기 시는 한국시의 전통적 흐름에 맥을 두면서 전아한 수사와 세련된 형식미를 갖추고 있다는 평을 듣기도 했다.

3. 세 겹의 남다른 인연, 정공채 시인

정공채 시인과 나와는 최소 세 가지 인연이 닿아 있다. 하동이 그에겐 출생지 고향이라면, 나에겐 성장지 고향이다. 그가 진주로 나와 진주농고를 다녔다면, 나는 진주고를 다녔다. 그리고 그와 나는 같이 〈현대문학〉으로 데뷔했다. 나이는 나보다 4살 위인데 역시 문단 등단도 4년이 빠르다. 연세대 정치외교학과를 처음 갔을 때에는 외교관이 되고자 했는데 어쩌다가 운명인 양 시인이 되었다.

운명이란 말이 나와서 말인데, 그의 할아버지가 이름을 지을 때 공자(孔子)처럼 되길 바라며 일부러 이름에 '공(孔)' 자를 넣었다 했는데 그것 역시 운명을 예견했던 듯싶다. 참고로 대중가요 작사자로 널리 알려졌지만 늦게나마 시인이 된 동생 정두수도 본명은 두채인데 두보(杜甫)처럼 되라고 '두(杜)' 자를 넣기도 했다는데, 아무튼 두 형제가 할아버지 바람대로 글과 깊은 인연을 맺었다.

성격이 워낙 자유인의 기질이라 1958년도 이래 잠시 부산일보, 학원사, 민족일보 기자를 거쳐 1962년도에는 MBC 프로듀서로 들어가 1969년도까지 근무했다. 그 후 조선맥주 선전부장을 잠시 맡고 있다가 아예 자유업을 택했다. 그러고 보면 그의 전 생애에서 직장생활이란 걸 해본 것은 모두 합해야 불과 10여 년 안팎이다.

자유업을 택하고 처음에는 상업광고 카피라이터로 있다가 그것도 그만두고 전적으로 집필생활에 들어가 몇 권의 책을 냈다. 역사소설 『초한지』, 평전 『아! 전혜린』, 『우리 노천명』, 『우리 어디서 만나랴-공초 오상순』 등이 이때의 소산이다. 그 다음은 아예 시인으로 들어앉고 말았다.

젊은 시절엔 반골 성향에 저항적인 기질도 있었다. 그 단적인 예가 그의 장시 「미8군의 차」에 나타나 있다. 이것이 반공법에 저촉되어 한때나마 가벼운 필화의 고초도 당했다.

내가 그를 처음 만난 것은 1965년도 전후인 〈세대〉사 시절이었고, 그 다음 1971년도 '현대문학상' 시상식에 와서 수상자인 친구 유경환과 나를 축하해주었다. 그 후 간혹 만나긴 했으나 더욱 자주 보게 된 것은 1980년대 초부터인데, 매월 마지막 토요일 오후에 세종호텔 뒤 '카페설파'에서 시 낭송회를 할 때이다. 그와 그리고 하동 출신 시인인 정득복, 나의 진고 1회 선배 허유 시인, 유경환 등이 동인이기에 더러 초청객으로 가 문정과 인정을 나누었다.

그는 한동안 문단에서는 시집이 없는 시인으로 통했다. 그러다가 1979년도에 데뷔 22년 만에 처음으로 『정공채 시집 있습니까』라는 다소 역설적 제목의 시집을 냈고, 그 뒤 10여 년에 걸쳐 설욕을 하듯 6권을 쏟아냈다.

1990년대에는 주로 종로의 '시인통신' 아니면 '소문난 집'에서 더러 만났다. 어느 날 평론 이야기가 나온 끝에 농반 진반으로 자기에 관한 시인론은 언제 한번 써줄 것이냐고 닦달하듯 물었다. 언젠가는 꼭 한번 쓰겠다고 장담을 했는데, 지금 보면 공수표가 되어 있어 미안한 마음도 든다.

그는 폐암을 앓고 있을 때, 이미 죽음을 예감하고 있었기에 「고별사」라는 시를 유언처럼 써놓았는데, 죽기 바로 두 달 전에 〈월간문학〉 2008년 3월호에 발표가 되었다.

세상 떠나면서 운다
그때 태어날 때와 지금 운다
눈물 소리 못 내고 한두 방울
이 빗방울에 말도 없이 고별사 남긴다
잘 있거라 내 사랑아

이 시 발표 두 달 만인 4월 30일에 결국 눈을 감고 말았다. 마침 타계하기 열흘쯤 전에 섬진강이 내려다보이는 하동 갈마산 섬호정 언덕 '문학공원'에 그의 시비가 세워졌는데, 병중이지만 그나마 이 소식을 전해 듣고 엷은 미소를 짓더라는 이야기를 전해 들었다.

나는 지금 지난날 '현대문학상' 시상식에서 찍었던 사진 한 장을 꺼내보고 있다. 우리의 수상을 축하해주신 심사위원 김동리, 박두진, 조연현, 오영수, 박영준 선생이 뒷줄에 서 계시는데 그분들이야 이미 오래전에 가셨지만, 그래도 몇 년 전까지만 해도 살아 있던 앞줄의 유경환, 정공채는 한 해를 앞서거니 뒤서거니 하며 모두 떠났고 이젠 나만 홀로 남아 있구나 싶으니 마음이 스산하기 한량없다.

또 내 고향 하동 쪽만 보더라도 한때는 소설에 이병주, 시에 정공채, 평론에 이유식이라고들 했는데 역시 적막강산이 따로 없다 싶다.

4. 시원한 성격에다 탱고 춤의 명수, 권일송 시인

　권일송 시인은 미남형의 얼굴에다 미끈한 체격을 지닌 분이었다. 특히 세미나 뒤풀이에서는 탱고 춤의 명수로 문단에 소문이 자자했다.

　그는 전남 순창 출신으로 목포에서 고교 교사생활을 하다 상경했다. 1933년생이니 나보다는 5세 위이고, 1957년도에 한국일보 신춘문예를 통해 등단했다.

　서울에 온 그는 한때 생활방편으로 청진동에서 '흑산도' 라는 홍어 횟집을 냈다. 인심도 후했고 또 영악하지 못해 결국 문을 닫고 말았다. 그 후에 또 무교동에다 한국식 제법 고급 주점인 '금선' 을 차려 재기하려 했으나 역시 문을 닫고 말았다.

　그러고 보면 외지에서 상경한 그로서는 술집 운영 실패에 따른 후유증으로 자연 그의 말대로 "두 번이나 자살을 기도했고, 일곱 번은 절망도 했다"는 것이 결코 헛말이 아니었던 것 같다.

　그러다가 1980년대부터 한국경제신문 논설위원으로 든든한 새 직장을 갖게 되어 생활이 안정되었다. 그리고 그 이전이건 또 그 이후건 문필 활동이나 문단 활동만은 꾸준히 했다. 한국문협 시분과 회장, 한국현대시인협회 회장, 국제펜클럽 한국본부 이사를 거쳐 부회장을 역임했다. 시집으로는 『이 땅은 나를 술 마시게 한다』, 『도시의 화전민』, 『바다의 여자』, 『바람과 눈물 사이』, 『바다 위의 탱고』 등이 있고, 수필집도 서너 권 낸 바 있다.

대충 이러한 삶을 살다 향년 62세였던 1995년도에 간암으로 타계했다.

내가 권 시인과 더욱 친하게 지내게 된 시기는 물론 그 이전에도 알고는 지냈지만 국제펜클럽 이사를 맡아 더러 회의에 참석했던 1980년대 후반부터였다. 그가 친하게 지내고 있는 시인들이 역시 나도 친한지라 우리는 더러 회의를 마치고 나면 어울려 별도로 술자리를 갖기도 했다. 나이와 문단 연조가 엇비슷해 친구처럼 허물없는 사이가 되었다.

그런데 1989년도 8월 어느 날, 한국경제신문 논설위원실에서 그가 나의 연구실로 직접 전화를 했다. 받아 보니 '스포츠 서울'에 내가 매주 연재하고 있는 테마 에세이 '유행가에 나타난 세태'를 지금 재미있게 읽고 있는데 자기 신문에도 글 한 편을 내주면 좋겠다는 부탁을 해왔다. '내 고장, 내 山河'라는 기획 시리즈로 외부 필자들이 돌아가며 참여한다는 것이다. 기꺼이 응했다. 그때가 마침 8월 중순쯤이라 내 고향에서 지난날 친구들과 어울려 야밤에 닭서리와 수박서리를 했던 이야기에 곁들여, 매미 소리에 얽힌 재미있는 이야기를 써서 고향 방문 사진과 함께 보내주었다.

신문이 나가자 그 신문을 구독하는 사업하는 친구들로부터 꽤 전화가 걸려왔다. 이것이 바로 권 시인, 아니 권 논설위원의 배려

때문이다 싶어 그 후 만나면 더욱 별도의 정이 생기기도 했다.

그리고 그 다음 해인 1990년 9월에는 수유리 아카데미하우스에서 국제펜클럽 한국본부 세미나가 열렸는데 그는 사회자로, 나는 주제 발표자로 같이 참여했다. 작고한 전숙희 선생이 회장을 맡고 있던 때였는데 그 당시 그는 펜의 부회장이었다. 주제는 '한국문학의 세계화'였고, 발표자는 나 이외에 당시의 문화부장관이던 이어령 씨와 모스크바 아시아·아프리카대학의 유마주르 교수였다.

그런데 진행 과정에서 그만 조그마한 해프닝이 일어나고 말았다. 프로그램 순서와는 달리 이어령 씨가 시간이 없어 먼저 하고 가야겠다고 먼저 마이크를 잡았다. 배당된 시간은커녕 남의 시간까지 잠식하여 무려 1시간 가까이 끌었다. 드디어 그는 가고 내 차례가 되었다. 슬그머니 부아가 치밀고 또 참석자들도 지루해할 것도 같아 핵심 몇 가지만 말하면서 유인물을 참고하라며 10여 분만에 끝내고 말았다. 박수가 오히려 더 컸다 싶었다. 종합 마무리를 사회자인 권일송 씨가 하면서 눈치껏 또 요령껏 마쳐주어 고맙다며 나를 치켜세워주어 끝에 가서는 기분이 좋았다.

뿐만 아니라 이튿날 오전에 조선일보에 세미나 내용이 대서특필되어 있으니 읽어보면 기분이 매우 좋을 것이라는 전화가 왔다. 아닌 게 아니라 신문을 보니 발표자들과 사회자 사진과 함께 발표문이 요약 소개되어 있는데, 나의 발표문이 두 사람의 발표문보다 많은 분량으로 제일 먼저 소개되어 있어 매우 기분이 좋았다. '해외 진출을 위한 우리 문학의 모형'을 제시해본 글인데 그 당시로 봐서는 이슈가 될 만한 글이 아니었나 싶다.

　아무튼 권 시인과 많은 인연이 있었는데 그가 떠난 지 벌서 15년이 흘렀다. 매사에 시원시원했던 그가 그립다. 고향 순창과 목포 유달산 자락에 그의 시가 비에 새겨져 있는데 가끔씩 소풍을 내려와 시비를 보고 있는지…….

5. 선후배로의 40년 인연, 평론가 윤병로

평론가 윤병로는 1936년생으로서 향년 69세이던 2005년도에 작고했다. 실제 나이는 몇 살 위인 것으로 알려지기도 했는데, 월남하여 새 호적을 만들 때 낮추었다는 말을 간접으로 들은 바 있다.

그는 평양 근교인 순안에서 성장했는데 1950년 12월 초에 평양 외숙부 댁에서 후퇴하는 유엔군을 따라 남쪽으로 잠시 피난하겠다고 어머니와 누이들을 남겨두고 아버지와 외아들인 그가 함께 피난을 나온 것이다. 한 맺힌 가족과의 생이별이 된 셈이다.

1960년도에 아버지마저 일찍 세상을 떠났으니 어쩌면 의지가 지없는 사람이 되고 만 것이다. 이런 그를 대학시절부터 월탄 박종화 선생이 줄곧 돌봐주었다. 문학 지도와 문단 데뷔는 물론 졸업 후에는 교편생활의 길도 열어주었으며 또 평론가 김우종 씨 소개로 알게 된 규수 이명희 씨와의 결혼식 주례도 맡아주었다. 크게 보면 월탄이 없었다면 문단에서 윤병로라는 이름은 없었을지도 모를 일이다. 대학의 은사로서 아버지나 다름없이 그를 밀어주었으니 은인이 따로 없었을 것이다.

그 후 평론가로서 또 대학교수로 입신하여 순탄한 길을 걸었다.

활발한 저작활동은 물론 대학과 문단 그리고 기타 단체의 중요 직책도 맡았다. 문협 평론분과 회장, 한국문학평론가협회장, 국제펜클럽 한국본부 부회장, 성균관대 문과대학장, 한국문예학술저작권협회장등을 역임했다.

여기서 한 가지 아쉬운 일이 있었다면 1995년도에 문협 부이사장에 여러 사람이 출마를 했는데 그도 나도 출마를 했으나 어쩌다 후배인 나는 당선이 되고 그가 낙마한 일이 아닐까 싶다.

이런 삶을 살다 떠나간 윤 평론가와 내가 평단의 선후배 관계로 처음 만난 때는 1965년도이다. 나의 〈세대〉사 시절인데 그와 내가 공교롭게도 금호동에 살고 있을 때였다. 출근하는 아침이면 버스에서 더러 만났으며, 어느 날 일요일은 신혼생활을 하고 있는 새집으로 한 번 방문한 적도 있다. 그때는 교직을 그만두고 일반 회사에 다니고 있을 때였다. 그의 첫 평론집 『엽전의 비애』도 받았다.

그 후 1970년대부터는 문학단체의 일이나 아니면 여러 단체의 문학 세미나에서 자주 만나게 되었다. 특히 문학 세미나에서는 서로 역할이 간혹 뒤바뀌면서 주제 발표자로 또 좌장으로 같이 앉아보기도 했다. 그와 내가 서로 자주 참가한 단체라면 문협이나 국제펜클럽은 말할 것도 없었지만 한국문학평론가협회, 한국수필가협회, 한맥문학가협회, 한국자유시인협회 등이었다.

그런 단체의 세미나 중에서 아직도 기억에 생생히 남아 있는 세미나가 두 가지 있다. 먼저 1989년도 한국자유시인협회 세미나가 떠오른다. 그와 내가 주제 발표를 맡았는데 '시문학의 정통성' 문제를 다루었고, 장소는 경북 지례예술촌이었다. 예술촌이 갓 형성되어 있을 때다. 서울에서 버스 두 대가 갔고, 또 그것이 예술촌으로 보면 문인단체의 첫 맞이이기도 했다. 예술촌장이 바로 시인 김원길 씨라 우리를 정성껏 맞이했고, 정성껏 모시려 했다. 마침 여름이라 세미나가 끝나고 달빛 아래에서 산골의 시원한 바람을 마시며 모닥불을 피워놓고 즐겁게 놀면서 바로 앞 강에서 잡아온 물고기를 안주 삼아 밤새 막걸리 타령을 했던 기억이 새롭기만 하다.

그 다음은 1992년도에 있었던 해외 문학 세미나이다. 카자흐공화국 수도 알마아타의 인민예술회관에서 열렸는데, 나는 주제 발표자로 그는 사회자로 참여했다. 나나 그나 해외에서 더욱이 그곳의 동포문인들과 그 나라의 문인들이 모인 장소에서 해보는 발표요 사회라 서로 뿌듯함을 느꼈던 일이 그림처럼 떠오른다.

그런데 이런 식으로 늘 문단 생활을 같이 해오는 과정에서 내 입장에서 보면 그를 도와준 일도 있고, 서운하게 한 일도 있다. 도와준 일이라면 1989년도에 한국문예진흥원이 주관한 '대한민국 문학상'을 타도록 뒤에서 적극 지원했던 일이다. 마침 내가 예심위원장을 맡았고 또 같은 평론을 다루고 있던지라 강도 높은 심사 및 추천 평을 달아 올렸더니 그것이 주효했던 것이다. 그 다음으로 서운하게 한 일이라면 1996년도 한국문학평론가협회장 선거 때의 일이다. 그가 그 당시 직전 회장으로서 다음 회장을 한 분 밀었는데 나는 그와는 다른 분을 밀어 그가 미는 분을 낙마시킨 일이다. 이 일로 우리는 한동안 좀 서먹서먹하기도 했다.

사실 그와 나는 약 40여 년간 문정(文情)과 우정의 세월을 같이 해온 셈이다. 그의 평론집을 보면 나의 평론이나 세미나 주제 발표문을 여러 번 인용하거나 소개하고 있는 것을 발견할 수 있는데, 어떻게 보면 우리 사이에 쌓인 오랜 문정의 표시가 아닌가도 싶다. 그리고 강남구에 같이 살면서 내가 1996년도에 강남문인협회를 창립할 때 음양으로 나를 도와준 일도 기억난다.

한 가지 아쉬운 일은 성격상 속마음을 솔직히 잘 털어내지 않았던 점이다. 같은 장르의 오랜 도반(道伴)으로서 스스럼없이 '형', '아우'라고 할 수도 있었는데 우리 사이에는 그런 소통이 없었다. 솔직하고 화끈한 성격이었다면 분명 우리는 보다 큰일을 도모할 수 있었지 않았나 싶다.

그의 비평 활동은 주로 비평론과 소설평설이나 소설가론 그리고 소설 월평을 전문으로 했는데, 대신 시에 관한 것이 거의 없다는 것이 특색이라면 특색이다.

6. 문학의 탈이념 전도사, 평론가 원형갑

평론가 원형갑은 1929년생으로 나보다는 9살 위이고 문단 데 뷔는 3년 앞이다. 1960년대는 경주고와 대구 대건고 교사를 했으며 그 후로 서울로 왔다. 1970년대 중반에는 시인이며 영화감독인 이봉래 씨가 예총회장직을 맡고 있을 때인데 잠시 기획실장을 맡은 적이 있다. 1979년도에는 한성대 전임강사가 되었고 그 후 조교수, 부교수를 거쳐 교수가 되었으며 1992년도에는 총장이 되어 1996년도에 정년퇴임했다.

내가 그를 처음 만난 것은 물론 1971년도에 한국문학평론가협회가 창립될 당시인데, 실질적으로 자주 만나게 된 것은 1980년대부터이다. 1983년도에 나도 문협 평론분과 이사로 참여했는데 그때 그는 분과회장이었다. 그리고 그는 연임했고 나 역시 이사직을 그대로 맡고 있었다.

그런데 1985년도 12월 어느 날 문협 이사회의가 있었다. 회의를 마치고 나서 받아 쥔 거마비도 있고 해서 서너 명이 어울려 그 당시 종로 2가 문협 사무실 부근 골목 술집에서 술을 한잔 나누었다. 그날 회의의 중요 안건이 다음 해 1월에 있을 문협 임원선거에 관한 것이다 보니 자연 화제가 임원선거가 되었다. 이 이야기 저 이야기가 오가는 중에 이번에 나도 분과회장에 한번 출마해볼까 하고 농 삼아 던져보았다. 물론 농이긴 했지만 언젠가는 나도 중요 직책을 한번 맡아 보아야겠다고 마음속으로 생각을 하고 있을 때였다.

그런데 이튿날 아침에 그로부터 생각지도 않았던 전화가 왔다. 출마할 뜻이 있다고 들었는데 정말 그럴 생각이냐는 확인 전화였다. 농담이었으니 전연 개의치 말고 한 번 더 하라고 했고, 역시 무투표 당선으로 그는 연임하게 되었다. 그 다음 1989년도 선거에서 내가 승계를 받은 양 무투표 당선으로 분과회장을 맡게 되었다.

그러고 보면 그와 나 사이는 분과회장 자리를 두고 경쟁을 하지 않은 셈인 동시에 어떻게 보면 승계가 자연스럽게 이루어져 서로 간에 신뢰가 쌓였다고나 할까.

또 이런 일 이전에 그는 심포지엄 주제 발표자로 나는 사회자로 참여해 우의를 두텁게 한 적도 있다. 1982년도 전북 내장산호텔에서 있었던 문협 심포지엄이었는데 발제자는 최승범, 박이도, 이보영, 그리고 원형갑 씨였는데 그는 '탈이념 또는 문학의 가능성'이라는 발제에서 평소의 자기 지론대로 이른바 민중문학의 이념성 지향을 경계하면서 문학의 예술성을 강조했는데 사회자로서 질의와 토론 그리고 요약·정리를 잘 마무리해준 기억이 난다. 문협 심포지엄에서는 그때가 나로 보면 처녀 출연이라 무척 신경이 쓰였는데 끝나고 나서 그가 명쾌하게 정리를 해주어 고맙다는 인사를 잊지 않았다.

아무튼 그 이후 1980년대는 물론 1990년대에 와서도 세미나나 심포지엄에서 자주 만나게 되었다. 그는 자연히 평론가라서 주제 발표가 아닌 경우에는 자주 질의자로도 나서곤 했는데 비로소 그의 습관을 알게 되었다. 간혹 그의 질문은 질문이 아니라 준 주제 발표나 다름없이 길어지는 것을 목격했다. 혹시 옆자리에 앉아 있을 때면 빨리 끝내 달라는 신호로 그의 구두를 일부러 지그시 밟아본 적이 한두 번이 아니었던 기억도 난다.

우리 주변에는 축사나 기도 또는 세미나의 질의를 유독 길게 하는 분들을 종종 볼 수 있는데 그도 그런 사람 중의 하나임에는 분명했다. 어쩌면 다음과 같은 우스개 일화가 그에게도 잘 맞을 수 있지 않나 싶다. 평소 교회의 한 장로가 대표기도를 하기만 하면 길었다. 어느 날 기도를 하게 되었는데 창세기부터 요한계시록까지 들먹이고 나서 눈을 뜨고 보니 교인이 한 사람도 보이지 않고 달랑 자기와 목사만 남아 있기에 잠에서 깬 듯 이게 웬일인가 싶어 "목사님, 어찌된 일이에요?"라고 물었더니 "아까 노아의 홍수에 다 떠내려가 버렸어요"라고 답했다는 우스개 이야기다.

아무튼 이런 장로와 비슷한 그는 하루 저녁에 일서(日書)를 한 권씩 읽어낸다는 소문이 돌 정도의 다독가였다. 그래서 그의 초기나 중기의 비평 활동을 보면 외국이론 가령 포멀리즘, 현상학, 미학이론, 하이데거의 존재론 그리고 포스트모더니즘 등을 많이 소개하면서 그것을 자기 비평이론의 정립에 접목시키려고도 노력했다. 장점도 있는 대신 단점도 있다. 난삽할 정도로 현학적이란 평도 들었다.

그리고 1970년대와 1980년대에는 수필비평에도 각별한 관심을 가졌다. 이 시기에 평론가로서 수필에 관심을 가진 사람은 극소수였는데 기껏 장백일, 원형갑, 이유식 정도였다. 그래서 우리는 수필 세미나에서도 종종 만날 수도 있었다. 그는 '피천득론', '서정범론'도 썼으며 더러 수필집 평설도 썼다. 1990년도에는 내가 분과회장 자격으로 〈월간문학〉 신인상 평론 심사위원을 그에게 위촉해 둘이서 정식 수필평론 등단으로는 제1호나 다름없는 수필평론가를 내보냈는데 그가 바로 '김소운론'으로 데뷔한 강석호이다.

그리고 1990년대 들어와서는 공자의 『시경(詩經)』 해석에 눈을 돌리기도 했다. 『시경과 성애 열락』, 『시경과 성(性)』, 『시경의 수수께끼』 등과 같은 책을 펴냈다. 서양의 지식 바다에서 노상 잠수질하던 그가 동양의 바다로 돌아온 격이었다고나 할까.

그의 비평의 특징은 한마디로 '탈이념'과 '문학성의 회복' 그리고 '민중문학에 대한 거부'였다고 정리할 수 있다.

7. 작은 호의에 큰 감동 받은 평론가 장백일

평론가 장백일은 1933년생으로 나보다는 5살 위이고, 문단 등단은 3년이 앞서 있는데 조선일보 신춘문예를 통해서이다.

긴 인생을 살다 보면 누구에게나 삶의 고저가 있기 마련이지만, 그는 한때나마 관재(官災)수의 횡액이 들어 정신적으로나 생활적으로나 제법 큰 고통을 당했다.

그것이 바로 1974년도의 세칭 '문인간첩단사건'이다. 희생양으로 1년간의 옥고를 겪고 누명은 벗고 나왔지만 그 이후가 더 문제였다. 원고 발표 중지, 강의 차단, 미행 등으로 갖은 어려움을 겪다가 약 6년 만인 1980년에 비로소 국민대 전임으로 재임용되었다. 그 후 국민대 문과대 학장도 지냈으며, 문단 활동으로는 문협 평론분과 회장, 한국문학평론가협회장, 국제펜클럽 한국본부 부회장 등을 역임했다.

지난 시절 내가 그를 처음 만난 것은 1971년도인데 한국문학평론가협회의 창립 모임에서였다. 그때는 지금과는 천양지차로 문인의 수, 특히 평론가의 수가 극히 한정적이라 그의 이력 정도는 이미 훤히 알고 있었다. 광주고 출신으로 전남대 철학과를 나와 한때는 교통부 장관 비서관도 지내고, 또 그 후는 모 회사의 선전부장도 지냈는데 내가 그를 처음 만났을 당시는 대학강사였다.

첫인상은 제법 거세 보였는데 술을 같이 마셔보니 괜찮은 사람이다 싶었다. 특히 그 협회의 간사직을 그와 내가 맡았으니 '초록은 동색'이라 차츰 격의도 없어졌다. 술자리에서 기분이 나면 꺼리지 않고 더러 호주도 하는 타입이었다.

이런 그와 나 사이에는 그 후에 기억에 남을 만한 일이 두 가지 있게 되었다.

그 하나는 1975년도 문협 선거 시 평론분과 회장으로 출마한 그를 음양으로 도와주었던 일이다. 어느 날 오후 내가 운영하는 외국어학원의 원장실로 찾아왔다. 용건은 선거에서 나의 표 한 표와 다른 평론가들의 표도 좀 모아달라는 요청이었다. 그거야 어렵지 않다고 즉석에 응답했다. 옥고를 치르고 나왔고 또 이렇다 할 다른 일을 할 수 없는 입장임을 이미 알고 있는 나는 물에 빠진 사람이 지푸라기라도 잡고 싶은 심정이 있듯, 평론분과 회장이라도 맡으면 참 좋은 일이다 싶었다. 그러자 내가 곧 강의할 시간이 되었다. 우리 두 사람 사이의 용건이야 물론 그것으로 일단락되었지만 그를 그냥 커피 한 잔으로만 돌려보낼 수 없어 원장실에서 강의가 끝날 때까지 좀 기다려 달라고 하고 강의실에 들어갔다. 나의 속마음은 그를 좀 위로해주고 싶어서였다.

나는 그를 좋은 일식집으로 안내했다. 식사도 겸해 술을 들며 여러 가지 그의 사정을 들어보았다. 생활 방편으로 종로 5가쯤에 바둑집을 내고 있다는 이야기도 들었다. 참 딱하다는 생각이 들어 헤어질 때 택시비에다 약간의 용돈도 찔러주었다. 그 뒤 물론 그는 분과회장이 되었다.

그리고 나서 몇 년의 세월이 흘렀고 그는 교수로 복직하였는데, 우리는 두세 번 알 만한 문우들끼리 술자리를 같이 한 적이 있다. 술좌석이 파할 무렵이면 민망할 정도로 광고하듯 꼭 매번 몇 년 전 내가 도와주었던 이야기를 하곤 했다. 사람이 어려울 때 작은 도움이라도 주면 저렇게 감동을 받는구나 하는 생각이 들었는데 그 일에 감격하여 그 이후 그런 쪽을 내 삶의 한 방향타로 삼아보려고 노력도 해보았다.

그 다음, 또 한 가지 일은 1997년도 한국문학평론가협회 회장 선거 시 그가 출마했을 때 전적으로 도와준 일이다. 1995년도 여름, 평론가 김우종 교수로부터 한번 만나자는 연락이 와서 약속장소로 가 보았다. 예상하지 못했는데 장백일 교수와 같이 와 있었다. 그 당시 김우종 교수는 평론가협회 회장직을 맡고 있었는데 곧 임기가 다 되어 물러날 입장이었다. 용건은 옆에 있는 장 교수가 출마를 하려고 하니 밀어달라는 부탁이었다. 그들이 생각하기론 그 당시 내가 평론분과 회장 시절에 친목단체로 규합해둔 '한국문학비평가회'의 표를 염두에 두었던 것이다. 적극 협조를 해서 경선에서 큰 표 차로 장 교수가 당선된 자초지종이 있다.

이런 일 저런 일로 우리는 매우 다정히 지냈다. 그리고 그는 수필에도 관심을 가져 『수필문학론』이라는 책을 내기도 했는데 나의 관심과 그의 관심이 우연히 일치해 우리는 한국수필문학가협회의 세미나에서 주제 발표자나 좌장으로 더러 참여했고 또 그

협회의 수필문학상 심사에도 약 20년 가까이 고정 심사위원이 되어 자주 만났다.

그는 답십리에서 거의 평생을 단독주택에서 살았는데 재개발이 되어 번듯한 아파트에 살게 되었다고 기뻐하던 일이 엊그제 같다. 또 고희를 넘긴 자기가 장남으로서 노모의 대소변을 아내에게만 맡겨둘 일이 아니다 싶어 자기가 직접 받아내야만 하는 딱한 처지를 호소하듯 말하던 것이 불과 몇 년 전인데 2009년 향년 76세로 저세상으로 갔다.

저서로는 『수필문학론』, 『한국현대문학론』, 『문학비평론』, 『한국신문학특강』, 『김동인문학연구』, 『한국 현대문학 특수소재 연구』 등이 있고, 수상 관계로는 제2회 펜문학상과 제4회 한국문학평론가협회상을 받았는데 연조에 비해 상복은 없지 않았나 싶다.

8. 한때 문협의 실세였던 희곡작가 오학영

　희곡작가 오학영은 동국대 국문과 출신이었는데, 재학 중이었던 1958년도에 〈현대문학〉으로 데뷔했다. 1938년생으로 나와는 동갑이었는데 불운하여 1988년도에 교통사고로 향년 50세로 비명에 갔다. 그 당시는 예총 사무총장 겸 문협 상임이사였는데 아침에 동대문구 신설동 삼일고가도로 상행선에서 자가용을 몰고 가다 마주오던 승용차와 충돌하여 부인과 함께 숨졌다.

　살아 있을 때 그와 나는 나이도 같고 문단 데뷔도 엇비슷해 서로 '오형' '이형' 하고 지냈는데 어느새 그가 떠난 지가 벌써 20년이 훌쩍 지났구나 싶으니 세월이 참 빠르기도 하다.

　그는 동국대의 은사였던 조연현 선생을 오랫동안 모셨다. 1971년도에 그분이 예술윤리위원회 위원장이 되었을 때는 사무국장을 맡았으며, 또 1975년도에 조 선생이 문협 이사장으로 재선되었을 때 문협 사무국장을 맡아 1976년도까지 모셨으며, 또 그 뒤 다시 이사장이 된 1979년도부터 돌아가신 해인 1981년도까지 모셨다. 그리고 그 중간에는 서정주 이사장(1977~1978)을 모시기도 했고, 또 조연현 이사장이 작고하고 김동리 선생이 이사장

(1983~1988)을 맡고 있을 때에는 상임이사로 있었다.

그러고 보면 그는 조연현, 서정주, 김동리 이사장을 모시면서 무려 13년간을 문협을 지키는 사무국장에다 〈월간문학〉 편집장을 그리고 그 다음은 상임이사가 되어 〈월간문학〉 주간까지 맡게 되었으니 문협의 실세가 아니 될 수 없었다.

더욱이 그 당시는 사무국장 위주로 문협이 운영되었는데, 부이사장단이 있긴 했지만 거의 보고만 받는 들러리에 불과했으니 어쩌면 이사장과 사무국장 라인에서 모든 일이 처리되었다 해도 과언이 아니었으니 실세 중의 실세가 아닐 수 없었다. 뒤에서는 이른바 문협 '4인방'이 그를 지켜주었고, 때론 주요한 일을 그들과 상의해서 처리하기도 했다. 그 '4인방'에는 황명, 성춘복, 김시철, 곽학송이 있었는데 물론 그들은 분과 회장이나 부이사장 아니면 이사직을 맡고 있었다.

아무튼 이런 실세인 그와 내가 좀 친숙해질 수 있었던 시기는 1980년대 초부터였다. 그 이전에는 문협 출입을 거의 하지 않고 있었다.

조연현 선생이 이사장을 하고 있을 때인 1980년도에 정말 오랜만에 인사차 문협 사무실에 갔다. 그것이 계기가 되어 그해 말쯤에 소설 월평을 3개월간만 써달라는 청탁이 와서 드나들었다.

그 다음 해 1981년도 6월호에는 「수필명칭정착과정고」라는 평론도 발표했다. 평소에 별 말이 없어 어떻게 보면 좀 무뚝뚝해 보이는 그였지만, 어느 날 사무실에 갔더니 평소보다 더욱 반갑게 맞이하는 것이다. 그러면서 대뜸 이번에 발표된 글에 대해 많은 수필가들과 수필 전공자들이 매우 관심 있어 하더라며 앞으로 좋은 평론이 있으면 언제든 발표해주면 좋겠다는 말까지 덧붙였다. 아닌 게 아니라 이 평론이 그 뒤 여러 사람의 수필 평론이나 수필 이야기에서 인용되기도 했는데, 직접 데스크를 담당하고 있는 편집장의 입장에서는 뭐니 뭐니 해도 발표 지면의 글에 대한 반응이 좋다면 보람도 느껴졌으리라 보아 나도 덩달아 기분이 좋았던 기억이 떠오른다.

이러다 보니 편집자로서 나의 글에 대한 신뢰도 생기고, 또 소설 전문 비평가가 귀한 시절이다 보니 1982년도 한 해에는 예외적으로 무려 7번이나 월평을 써달라는 요청이 있었다. 그 월평 중 2월호 분이 서울신문 '잡지산책' 란에 크게 소개된 적이 있다. 소개된 내용은 바로 평으로 들어가기 전에 평소 월평에 관해 내가 생각했던 제언이었다. "월간지에 매달 소설이 약 30여 편 발표되고 있는데 이것을 다 읽은 양 '눈 감고 아웅' 하지 말고 차라리 해당지의 작품이라도 충실히 한두 편 언급하는 것이 양심적이지 않겠는가"라는 것이 요지였다.

그런데 나는 이것이 신문에 소개된 것도 모르고 그저 3월호 월평을 가지고 갔었는데 역시 반갑게 맞이하면서 앉자마자 문협 관련 신문기사 스크랩북을 펴 보이며 그 기사를 읽어보라는 것이다. 속으로 하찮을 수 있는 월평류의 글을 일부러 챙겨서 소개해주었구나 싶어 담당기자가 참 고맙다 싶었다. 그리고 오 편집장도 역시 〈월간문학〉이 조금이라도 선전되었노라며 아주 만족해했다.

그런데 이런 원고 관계로 문협을 드나들던 그 당시는 나는 문협의 일반 평회원이었다. 그러나 1983년도에 내가 평론분과 이사가 되고부터는 더욱 자주 드나들며 그와 더욱 친숙해졌다. 그리고 1987년도에 조경희 예총 회장이 재선에 성공하자 그는 문협 상임 이사로서 예총 사무총장직도 맡게 되었다. 그러고 보면 한때는 문협을 그리고 그 다음은 문협과 예총까지 좌지우지할 위치에 오르게 된 것이다. 호사다마라고 했던가. 앞에서 이미 말했듯이 그만 1988년도에 교통사고를 당하고 만 것이다.

그는 타계하기 전 7~8년간 나를 퍽 인간적으로 대해주었다. 그러나 그를 비난하는 사람도 더러 있었다. 그의 죽음을 두고 문협을 혼자 주무르고 있더니 벌을 받았다고 하는 이야기도 들려왔다. 반대로 그를 옹호하는 사람들로부터는 언젠가 훗날 문협 이사장이 될 재목감이라는 말도 들려왔다. 또 어떤 사람들은 문단 일에 연연하지 않고 아예 대학으로 진출했다면 그런 불행을 당하지 않을 수도 있었을 것이라고 매우 아쉬워하기도 했다.

저서로는 희곡집 『꽃과 십자가』, 논저 『희곡론』, 시집 『우수주의자의 여행』, 소설집 『침묵의 소리』 등이 있다.

 시작과 끝 참 알 수 없는 인생, 소설가 정을병

사람의 한평생이란 참 알 수 없는 수수께끼다. 시작이 좋다가 끝이 나쁜 사람이 있는가 하면, 반대로 시작은 나빴지만 끝이 좋은 사람이 있다. 말하자면 정을병은 전자에 속한다. 작품을 끝없이 쏟아내는 다산의 작가로 유주현이나 이병주와 같은 반열에 올라 이름을 드러냈으며, 문단 일이나 기타 일에 추진력이 매우 강하다는 칭찬의 소리도 들었다.

그런데 말년에 타의 반 자의 반, 후배들의 권유로 소설가협회의 이사장직을 맡은 것이 악연이 되어 가정적으로도 불운이 닥쳤고 본인은 물론 명예에도 큰 손상을 입었다. 그것은 소설가협회의 사업 중 하나인 이른바 '스토리뱅크'에 지원된 국고 보조금 횡령 사건이었다. 그의 성격으로 보아 횡령이라기보다 관리 소홀에서 온 불행이었다. 집행유예로 풀려나긴 했지만 옥살이를 했다. 옥살이를 하고 있을 때 그의 외아들이 너무나 큰 충격을 받은 나머지 돌연사했고, 아내도 재판이 끝난 뒤 쇼크로 지병인 암이 도져 일찍 세상을 떠났다. 또 그도 사고액을 변상하느라 유일한 재산인 40년간 살아온 정든 집도 날려야 했다. 이른바 풍비박산이요 패가망신이었다. 결국 홀아비가 되어 셋방에 살다 간암으로 2009년도에 향년 75세로 떠났다. 그를 아는 사람들은 이구동성으로 참 운이 나빠 '덫'에 걸려들었다고 무척 안타까워했는데 나 역시 그렇다.

그는 1934년 남해 출신이다. 나이는 나보다 4살 위이지만 문단 등단은 2년 아래이다. 연고지가 그는 남해이고 나는 하동이라 우린 각별히 지냈다.

1971년도다. 그가 대한가족협회 홍보부장으로 있을 때인데, 점심식사나 같이 하자며 무교동에 있는 나의 학원으로 직접 찾아왔다. 갓 나온 장편 『피임사회』를 한 권 가지고 왔는데, 나가서 식사를 하며 고향 이야기에다 소설 이야기 등을 제법 많이 나누었다. 바로 전해, 〈현대문학〉에 연재한 나의 소설론도 흥미롭고 유익하게 잘 읽었다 하며 곁들여 3월 초에 있었던 나의 '현대문학상' 시상식에 참석 못해 미안케 되었다는 발명도 했다.

그 이후 평론가로서 그의 작품과 맺은 인연도 두세 번 있었다. 1983년도 〈현대문학〉 6월호 월평에서 그의 「나르시스의 환영」이라는 작품을 꽤 높이 평가한 적이 있다. 현대사회에 팽배해 있는 물질주의와 출세주의의 환영을 적나라하게 벗겨 보여준 작품이라 평했다. 그리고 1987년도 〈예술평론〉지 여름호에는 물론 청탁에 의해서였지만 중동의 해외건설 현장에서 보고 듣고 한 체험담을 쓴 「바보들의 사막」을 심층 분석해주기도 했다. 이 평에서 그동안 그가 많은 작품들을 생산해낼 수 있었던 것은 인과의 법칙에 의한 플롯식 구성이 아니라 말하듯 이야기를 술술 끌고 나가는 스토리식 구성을 차용하는 데 있다고 진단해주기도 했다.

아무튼 세 손가락 안에 드는 다작의 작가로서 그는 비록 성공은 했지만, 평소에 관재(官災)수와 구설수가 늘 따라다녔다. 말년에 소설가협회의 '스토리뱅크' 사건도 이미 말해두었듯이 관재수의 팔자소관이었지만, 또 40대 중년에 운이 나빠 일찍 관재수의 곤욕을 한 번 치렀다. 이른바 '문인간첩단 사건' 이었다. 1974년도에 반공법 위반으로 체포되어 최종 재판에서 다른 연루자들은 유죄 선고를 받았고 그는 무죄로 판결이 났지만 그래도 6개월간 옥고를 치렀다.

구설수에 오른 일은 '남해 모독' 사건이었다. 1993년도에 모 월간지에 실은 「내 고향 명소」라는 글에서 남해를 모독했다고 남해군 32개 사회단체 대표 45인이 모여 집단규탄을 했던 일이다. 임진왜란으로 말미암아 대마도주 종의지(宗義智)가 휘하 군사들을 이끌고 와서 7년 동안이나 살았기에 남해의 많은 여자들이 겁탈을 당하여 그 후손들은 왜놈의 피가 섞여 있을 것이고, 또 언어나 풍습에서도 그들이 뿌리고 간 흔적을 가끔 찾을 수 있다고 한 내용인데 이를 두고 군민들이 일어선 사건이었다. 이런 필화로 고향 사람들에게 배척을 당하고 살아야 했으니 그것도 운이 나빴던 일이다.

팔자에 운이 나빠 관재수가 두 번이나 있고 또 구설수에 오르긴 했지만 그는 문단 일이나 기타 일에서 추진력에 있어서는 남달랐다는 칭찬을 듣고 있었다.

문단 일로 첫째, 그는 소설가들이 모이는 단체의 필요성을 느껴

1975년도에 소설가협회를 만드는 데 중추적 역할을 했고 동시에 중앙상무위원(전무급)이라는 직책도 맡았다. 그 후 1997년도에는 상임대표위원(회장급)에 당선되어 바로 그해에 사단법인 인가를 받아냈다. 그런가 하면 1988년도에는 국제펜클럽 한국본부 부회장으로서 한국에서 열린 세계작가대회의 준비위원장으로서 그 일을 성공적으로 끝마치는 데 큰 역할을 했다.

비단 이런 일들만 아니었다. 한국자생란보존회를 창립하기도 했고 또 기업문화협회도 창립했으며, 더욱이 1970년대 중반에는 문장용 타자기를 공병우 씨와 손을 잡고 개발하여 그 보급에도 힘을 쏟았다.

비록 말운이 나빠 가정이 무너지고 또 명예에 큰 손상을 입긴 했으나 70여 권의 그의 작품집들이 남아 있다. 그중 장편 8편, 중편 10편, 단편 27편을 가려 뽑아 만든 전 8권의 '정을병 문학전집'이 새로운 독자를 기다리고 있다.

평생을 사회나 정치의 환부를 도려내어 '고발문학의 기수'라는 평을 들었던 그의 이름은 지금은 물론 앞으로도 남아 있으리라고 본다.

10. 요절한 김민부 시인과 나와의 언쟁

 시조시인 김민부라고 하면 1960년대 초쯤엔 몰라도 이제는 알 만한 사람이 거의 없을 것 같다. 그러나 장일남 작곡의 '기다리는 마음'의 작사자가 바로 김민부라면 제법 그 이름을 기억하는 사람들이 있으리라 본다.
 일본에 볼모로 잡혀가 있는 왕자를 구하러 갔다가 그도 역시 볼모로 잡혔는데, 이런 남편을 밤낮으로 기다리다 끝내 망부석이 되었다는 박제상과 그의 아내 설화에서 모티브를 얻어 작사했다는 이 노래는 고교 음악교과서에 실려 있기에 그 노래는 물론 작사가 이름도 널리 알려져 있다.
 이 '기다리는 마음'의 작사가 김민부는 1941년 부산 수정동 태생이다. 부산고교 1학년 때 동아일보 신춘문예에 시조 「석류」가 입선되었고, 이어 고교 3학년 때에는 한국일보 신춘문예에 「균열」이 당선되어 조숙한 천재시인이라는 평을 듣기도 했는데, 결국은 꽃을 피우지 못하고 불의의 사고로 일찍 이 세상을 하직하고 말았다.
 1962년에 서라벌예대를 졸업하고, 부산 MBC 라디오에 입사하여 인기 방송이었다던 '자갈치 아지매'의 원고를 약 4년간 집필했다.

이 시기에 나는 그를 만났다. 그 당시 나는 재학 중에 군복무를 마치고 돌아온 대학생 시절이었고 또 이미 평론가로 데뷔한 때였다. 1963년도 2학기 때였다고 기억된다. 그 당시 부산에 있는 고교 문예반 학생들이 모여 '부산문우회'를 만들어 시화전이나 문학의 밤을 개최하고 있었는데, 그들의 문학의 밤 행사에 문학평론가라고 해서 나는 문학강연 연사로 초청을 받았다.

한참 많은 세월이 지난 뒤에 안 사실이지만 그들 학생 중에는 후에 평론가가 되어 동국대 교수를 지낸 김선학 그리고 소설가가 된 유익서와 김민숙 그리고 시인이 된 오규원과 김형영 그리고 극작가가 된 양인자 등이 있었다.

그날 밤 김민부도 왔었다. 나는 약 20분 정도 짧은 강연을 해주고 자리에 앉아 있다가 행사가 끝나자 몇몇 친구들과 어울려 막 밖으로 나오려고 하는 찰나였는데, 느닷없이 그가 나에게 시비를 걸어왔다. 한마디로 건방지다는 것이다. 그전에 비록 스치듯 만나긴 했지만 그렇게 친숙한 사이는 물론 아니었다. 그래서 치고받을 정도의 일촉즉발의 순간이 되었는데 주변에서 양편을 한사코 말리는 바람에 몇 마디 주고받은 언쟁으로 끝나긴 했다.

그것은 공연한 시비였고 텃세였다. 그는 그 당시 부산의 고등학교 문예반 학생들에게는 거의 우상처럼 보이고 있었던 때인지라, 부산이 아닌 진주 출신의 외지 유학생인 내가 부산고 출신인 그의 텃밭의 부산 학생들 앞에서 문학이 어떻고 시인의 자세나 책

무가 어떠해야 되느니 하고 제법 일갈을 했으니 무척 자존심이 상해 아니꼬웠던 것이다. 그는 나이는 나보다 3살 아래였지만 문단 등단만은 조금 앞섰기에 혈기왕성한 젊은 시절이라 모든 게 못마땅하게 보였던 것이다.

아무튼 이 일이 계기가 되어 뒤에 우리는 매우 친숙해졌다. 자기 아버지가 고철 수집상을 했는데 거기에 딸린 독채의 사랑방에 친구들과 어울려 여러 번 놀러 가 막걸리 판을 벌이기도 했다. 곧잘 어울렸던 멤버는 물론 모두 그 당시 20대 새파란 문학청년들이었다. 오늘날 시인으로 활동하고 있는 임수생, 박응석, 정재필, 임명수 그리고 작고한 문인으로는 이영찬, 박태문 등등이었다.

1966년도에 그는 부산에서 서울로 와 MBC, TBC 등에서 프리랜서 방송작가로 일하면서 꽤 잘나가는 작가로서 이름을 드러내기도 했다. 그러던 그가 1972년 10월에 불의의 사고로 가고 말았다. 석유난로 불에 의한 화재사건이었다. 부부가 화상을 입고 병원에 실려 갔었는데 그는 온몸에 너무나 심한 화상을 입어 곧바로 숨을 거두었고, 부인은 다행히 얼굴에만 심한 화상을 입었기에 살아남았다.

그의 죽음의 원인에 대해서는 그 당시 두 가지 설이 전해지고 있었다. 하나는 자기 방에서 원고를 쓰다가 잘못된 원고지를 던져버리자 그것이 난로 위로 날아가 불이 붙어 석유통으로 불이 옮겨 붙어 폭발했다는 것이다. 또 다른 이야기는 두 방송국의 연말특집 원고에 매달려 있을 때 글도 잘 되지 않고 있는 중 때마침 공교롭게도 가벼운 부부언쟁이 도화선이 되어 홧김에 석유난로를 걷어차 불이 붙어 폭발했다는 설이다.
  그는 평소에 방송의 상업주의에 매몰되어 노상 그런 류의 글만 쓰고 순수 시 작품을 쓰지 못한 것에 대해 늘 자괴감을 가지고 있었다.
  그러나 비록 그는 일찍 떠나고 또 좋은 시작품을 많이 남겨 두지는 못했지만 그나마 부산시 안남동에 그의 작시 「기다리는 마음」의 시비가 세워져 있으니 조금은 위안이 되리라고 본다.

11. 잦은 만남 그리고 깊은 우정, 시인 이탄

이탄 시인은 1940년에 대전에서 출생했고, 1963년도에 한국외국어대학 영어과를 졸업했으며, 1964년에 동아일보 신춘문예를 통해 시「바람 불다」가 당선되어 문단에 나왔다. 나이로 보면 나보다는 2년 아래이고, 문단 등단도 3년 늦었지만 친교의 인연이 쌓이고 쌓여 우리는 친구처럼 지냈다. 그는 2010년에 향년 70세로 타계했다.

그의 본명은 김형필이다. 본명을 알기 전에 나는 순진하게도 그의 성이 '이'씨인 줄로만 알았다. 필명 '이탄(李炭)'은 좀 특이하다. 김동리, 박목월, 김구용, 강소천 등도 성은 그대로 두고 이름만 필명으로 바꾸었는데, 마치 시인 김해경(金海卿)이 이상(李箱)으로 또 시인 강홍기(姜洪箕)가 임보(林步)로 성과 이름을 아예 바꾸듯 그도 그랬다.

내가 그를 처음 만난 것은 1965년도인데 휘경동 조연현 선생 댁으로 새해 인사차 갔다가 마침 그도 와 있었기에 인사를 나누었다. 그는 그 당시 〈현대문학〉사와 연관이 있는 대한교과서 주식회사의 방계회사 '어문각'에서 일하고 있었기에 인사차 온 것이다.

이것이 인연이 되어 그 뒤 내가 부산생활을 할 때인 1966년도에 부산에 내려온 길에 나에게 전화를 했다. 몇몇 부산의 젊은 문우들과 어울려 그를 대접했다.

그러다가 더욱 깊은 친분을 나누게 된 때는 1970년대 초부터. 1972년도라고 기억된다. 그 당시 나는 무교동에서 외국어 학원을 운영하고 있었고, 그는 서울신문 주간국에서 부장으로 있을 때였다. 하루는 '선데이서울' 기자 한 사람과 함께 나의 학원을 찾아왔다. 기자로서 앞으로 일어의 필요성도 있을 것 같고, 또 마침 학원이 회사에서 아주 가까이 있기에 공부를 좀 해두려 한다는 것이다. 서너 달 다녔는데 마침 반은 달랐지만 수강생으로 시인 이우석 씨(당시 농협 회장 비서실 근무)와 시인 이일기 씨(당시 제지협회 부장)가 있었기에 우리는 종종 어울려 술타령, 글타령을 하며 깊은 우정을 쌓았다.

그런 어느 날, 토요일 늦은 저녁에 회사 부근 버스정류장에서 어깨를 쭉 늘어뜨리고 힘없이 서 있는 그를 발견했다. 어깨를 툭 치고 반기자 반색은 하면서도 게임룸에서 돈을 몽땅 날렸다고 투덜댔다. 그의 회사 근처요 내 학원 뒤쪽에 뉴서울호텔이 있었는데, 그 지하에 슬롯머신 이른바 파친코 게임룸이 있었다. 그도 나도 마치 바람난 고양이처럼 거기를 종종 출입하고 있었기에 그 정황이 쉽게 상상되었다. 내 자신도 심심소일로 드나들다 생돈을 제법 날려봤다. 이러다가 '바늘도둑이 소도둑' 되겠다 싶어 손을 씻었을 때였다. 그래서 그를 위로도 해줄 겸 술집으로 데려갔다. 거기서 우리는 돈 낭비와 시간 낭비인 파친코 판의 탈출을 결의

했다. 그 뒤 그도 나의 우정 어린 충고를 받아들여 발을 끊은 내력이 있다.

또 세월이 흘렀다. 1981년도이다. 그도 나도 늦었지만 대학으로 진출하기 위해서는 대학원 학위과정을 밟아두어야겠기에 그 과정을 이수하고 있을 때다. 한양대학원에서 만났는데 그는 박사과정 중이었고 나는 석사과정 중이었다. '늦깎이 공부'에서 오는 스트레스를 동병상련처럼 서로 풀고 위로도 주고받았다. 드디어 1982년도에 그는 모교 사범대 한국어교육과 교수가 되었고, 나는 1983년도에 배화여대 교수가 되어 은연중 마음속에 품고 있었던 시름을 해결했다. 교수가 되기 전 그도 나도 이 대학 저 대학으로 다니며 강사생활을 할 때 느꼈던 자격지심이나 미래에 대한 불안감이 거의 비슷한 시기에 해소되었다고나 할까. 한때나마 일찍부터 대학으로 진출해 교수 자리를 차지하고 있는 문단 후배들이 부럽기도 하고, 또 나 자신이 왜소해진 것 같은 생각도 들곤 했는데 그도 역시 마찬가지였을 것이다.

그런데 불행하게도 1997년도에 그는 뇌출혈로 쓰러진 일이 있었다. 그러나 다행스럽게도 얼마 지나서 곧 회복이 되어 어렵게 얻은 교수직을 끝까지 지킬 수 있어서 그것은 축복 중의 큰 축복이었다. 그는 2005년도에 정년퇴임을 했고 나는 2004년도에 했다.

문단 경력으로는 한국시인협회 사무국장, 한국기독교문인협회장을 지냈다. 또 공교로운 것은 1998년 초에 내가 문협 부이사장에서 이사장 출마를 했는데 그는 부이사장 출마를 했다. 결과는 그도 나도 낙선이어서 서로가 위로를 주고받았던 일도 있다.

  수상으로는 월탄문학상(1968), 한국시협상(1984), 동서문학상(1988), 공초문학상(2000) 등을 받았으며 많은 시집을 냈다. 『바람 불다』(1967), 『소등』(1968), 『줄 풀기』(1973), 『옮겨 앉지 않는 새』(1979), 『대장간 앞을 지나며』(1983), 『미루나무는 그냥 그대로지만』(1988), 『철마의 꿈』(1990), 『당신의 꽃』(1993), 『혼과 한잔』(1999) 등과 몇 권의 선집이 있다. 연구서로는 『현대시와 상징』, 『박목월 시 연구』, 『현대시 작법』이 있다.

  그는 호인이었다. 오랜 세월 동안 비록 장르는 다르지만 헤아릴 수 없을 정도로 만나 보았는데 남을 욕하거나 비난하는 것을 거의 들어본 적이 없었다. 그리고 성격은 약간 느긋하여 태평스런 면도 있었다. 문협 부이사장 출마 시 서류 접수를 마치고 나온 그와 다방에서 잠깐 차를 한 잔 나누면서 득표 활동을 물었더니 그 대답이 역시 성격 그대로였다. "되어도 무방, 안 되어도 무방"이라니 그 얼마나 태평스런 답변인가!

  호인에다 태평스런 성격이라 그 누구하고도 좋은 관계를 맺고 살다가 그는 떠났다. 떠나기 바로 전까지는 외대 선배 홍윤기 박사가 2009년 초에 창간한 계간 〈한국현대시문학〉지 주간직을 맡고 있었고 나는 편집자문위원으로 참여했는데 더 오래 살았으면 좋았을 걸 하는 아쉬움이 남아 있다.

12. 무교동에서 자주 만난 기자시인 김광협

내 인생에 있어서 1970년대의 한때는 제법 화려했다. 팔팔했던 30대의 젊은 시절에 무교동에서 외국어학원을 경영하면서 제법 돈도 만지다 보니 멋도 부려보고 또 돈을 써보는 재미도 쏠쏠했다. 성인 수강생들 아니면 개인적 친구나 또는 문우들과 어울려 맛있는 음식을 찾아다니거나 아니면 괜찮다는 술집 순례도 제법 했다. 그 당시는 주 무대가 무교동이었는데, 심심하면 명동으로 원정을 나가기도 했다. 무교동에서는 그 유명한 낙지골목을 누비고 다녔고, 맥주집이라면 '올림피아'나 '월드컵'이고, 좀 고급요정이라면 '풍림'이었다.

이때 나는 김광협 시인을 만났다. 그는 동아일보 기자로 있었기에 퇴근 시간이면 종종 낙지골목이나 맥주집으로 출행하곤 하여 서로 마주치거나 아니면 함께 자리를 같이 해보기도 했다.

그는 1941년생으로 서귀포 출신이었고, 서울 사대를 1963년도에 졸업하고 1965년도에 동아일보 신춘문예를 통해 데뷔했다. 그 연고로 곧 그 신문사의 기자가 되었다. 키는 중키에 제법 몸집이 있었다. 의협심이 강했고 호쾌한 성격에다 술은 가히 말술이었다.

말술이다 보니 한번 앉았다 하면 거의 12시 가까워야 일어설 정도로 엉덩이가 무거웠다. 같이 자리를 하고 보면 문단 연조나 나이로 보아 은연중 나를 선배로 모시려는 예를 지키려 했다.

한번은 토요일 어느 오후였다. 그 당시는 통금이 있는 시절이라 술집에서는 늦어도 11시 전에는 일어나 귀가를 서둘러야만 했는데, 그의 손님은 갔고 내 손님도 막 가려고 하는 참인데 나를 한사코 한잔 더 같이 하자고 부르는 것이다. 할 수 없이 그럼 시간도 없으니 여기를 나가 청진동 뒷골목에 내가 아는 조그마한 안방 가정식 술집이 있으니 거기로 가자 하여 그곳으로 같이 갔다.

그날 밤 우리는 거의 밤샘을 하다시피 통음을 하며 참 많은 이야기를 나누었다. 운동권 학생인 동생 때문에 꽤 골치가 아프다며 박정희의 '유신정부'를 강하게 비판하기도 했고, 또 술에 취해 귀가하는 중에 홧김에 집 가까이에 있는 파출소에 가서 전화통과 유리창을 박살냈던 이야기 등을 마치 스릴 넘치는 모험담처럼 들려주었다.

나도 이에 뒤질세라 여러 이야기를 그의 이야기에 장단 맞추듯 해주었다. 마침 그가 서귀포 출신이기에 1960년대 후반쯤 부산에서 고교 교사시절에 수학여행 인솔교사로 두 번이나 서귀포를 포함해 제주도 일원을 돌며 경험했던 일에다 또 우연스런 연분이 닿아 제주도 출신 규수에게 장가를 든 이야기까지 털어내 주었다.

지금의 아내는 서귀포에서 아니 멀리 떨어져 있는 남원군 위미리 출신이다. 위미국민학교를 졸업한 후 남원중학교를 졸업하고, 마침 장인이 일본에서 공부를 마치고 청주대학 교수로 부임하게 되자 솔가해서 청주에 가 살게 되었다는 이런 속속들이 내력까지 들려주었다.

그랬더니 "아, 제주와 그런 연고도 있었군요" 하며 술기운이 오른 김에 기분이 좋다고 덥석 어깨동무까지 하며 "제주도 사위님, 제주도 사위님"이라고 연신 불러주기도 했는데 그 기억이 지금도 새롭고, 그 목소리마저 다시 들리는 듯싶다.

뒤에 들은 이야기지만 그의 성격은 다소 저돌적인 데도 있었다고 했다. 역시 1970년대 이야기인데 중견 기자로서 편집국장에게 대든 일도 있었다. 사회부 기자로서 자기가 취재한 군 관계 기사를 편집국에서 몸조심하느라 빼버리자 모든 편집국 사람들이 놀랄 정도의 큰 소리로 강한 항의를 했다는 일화이다. 그리고 또 다른 이야기는 편집국에서 자기 서랍에 술병을 넣어 두고 기사를 쓰다가 가끔씩 꺼내 마시곤 했다는 것이다.

그는 52세이던 1993년도에 타계했는데 어쩌면 이 술이 그의 수명 감수를 재촉했다고 볼 수 있다. 시인 조지훈, 김관식, 구자운, 박용래, 박재삼, 천상병, 권일송, 조태일, 박정만 등과 같이 그도 술이 그의 건강을 해쳤던 것이다.

시집으로는 『강설기』, 『천파만파』, 『농민』, 『황소와 탱크』, 『돌하르방 어디 감수광』, 『제주도 시집』 등을 남겼다. 특히 『제주도 시집』은 제주도 방언으로 엮어져 있어 향토색이 짙은 시집이다.

대체로 그의 시 세계는 초기에는 서정을 노래하고, 1970년대에는 사회 현실에 많은 관심을 보였으며, 1980년대부터는 서정을 바탕에 깔고 감성과 이지(理智)의 조화를 도모하여 문명 비평적 요소도 내보였다.

시비는 서귀포 천지연 유원지에 서 있는데, 그의 시 「유자꽃 피는 마을」이 새겨져 있다. 그 시를 소개해 본다.

내 소년의 마을엔
유자꽃이 하이얗게 되더이다
유자꽃 꽃잎 사이로
파아란 바다가 출렁이고
바다 위를 똑딱선이 미끄러지이다

툇마루 위에 유자꽃 꽃잎인 듯
백발을 인 조모님은 조을고
내 소년도 오롯 잠이 들면,
보오보오 연락선의 노래조차도
갈매기들의 나래에 묻어
이 마을에 오더이다

보오보오 연락선이 한 소절 울 때마다
떨어지는 유자꽃
유자꽃 꽃잎이 울고만 싶더이다
유자꽃 꽃잎이 섧기만 하더이다

13. 소매 끝 스친 인연, 소설가 이청준

  소설가 이청준은 전남 장흥 출신으로 작가 송기숙, 한승원과 함께 장흥이 배출한 '작가 트리오' 중의 한 사람이다.

  불행히도 그는 2008년 7월에 이 세상을 하직하고 마치 그의 작품이 영화화된 제목처럼 '천년학' 이 되어 저세상으로 날아갔다.

  그는 평생을 전업작가로 일관했다 해도 과언이 아니다. 잡지사 경력으로는 1965년도에 단편「퇴원」으로 〈사상계〉에 데뷔한 것이 인연이 되어 1966년도에 서울대 독문과를 졸업하자 곧 〈사상계〉사에 입사했다. 1967년도에는 〈여원〉사, 1968년도에는 월간 〈아세아〉 창간멤버로, 1971년도에는 역시 월간 〈지성〉 창간 멤버로 잠깐씩 참여한 것이 전부이다. 교수 경력 역시 1982년도에 한양대 국문과 소설 지도교수로 채용되어 만 1년간, 그 후 1999년에 순천대 문예창작과 석좌교수로 가 있었던 것이 전부이다.

  그러고 보면 40년이 조금 넘는 작가 인생에서 극히 짧은 기간에 잡지사 생활과 교수생활을 한 셈이니 크게 보면 평생을 전업작가로 있었다 해도 결코 틀린 말은 아니다.

  이런 그를 내가 처음 만난 것은 잠시 서울에 볼일이 있어 올라왔다가 평론가 김현과 염무웅과 어울린 술자리에서였다. 1967년도 겨울이다. 그는 나보다는 나이가 한 살 아래이고 문단 데뷔는 4년이 늦다. 그 당시는 요즘과는 달리 문인의 수가 극히 한정되어 선후배간 서열이 분명했는데, 문단에 갓 나온 신인으로 아닌 게 아니라 예의를 깍듯하게 지킬 뿐만 아니라 인상도 좋고 품성도 선량해 보여 첫 만남에서 퍽 호감이 갔다.

그날 우리는 늦게 술자리를 끝냈는데 마침 염무웅 씨가 잘 곳이 마땅찮으면 자기 자취방에 가서 같이 자자는 것이다. 그곳이 신촌이었는지 마포쯤이었는지 기억이 확실치 않지만 아무튼 하룻밤을 같이 지냈다. 이튿날 간단한 아침식사를 끝내고 나니 이청준의 하숙집이 멀지 않은 곳에 있으니 가보자는 것이다. 마침 그날이 일요일이라 이청준은 집에 있었고, 간밤에 어울린 인연도 있고 해서 나를 반갑게 맞이해주었다. 양지 바른 툇마루에 앉아 이런저런 많은 이야기를 나누었는데 그 장면이 마치 어제 일처럼 생생하게 떠오른다.

그 뒤 나는 다시 서울생활이 시작되어 그를 여러 번 만났다. 그런데 서로가 가장 진솔한 이야기를 나눈 경우는 우연히 택시를 같이 타게 되었을 때인데 이른바 '택시 안의 대화'에서였다. 1982년도 2학기인데, 그가 한양대 교수로 1학기에 부임해서 막 2학기 강의가 시작된 때였다.

나의 경우는 그 당시 7~8년간 경영해오던 외국어학원을 다른 사람에게 넘기고 글쓰기에 안성맞춤인 직업이 대학교수인 것 같아 그쪽으로 진출해보려고 비록 늦고 늦었지만 작심한 바 있어 한양대 대학원 마지막 학기를 다니고 있던 때다.

그러던 어느 날 오후 강의가 끝나고 종로에 볼일이 있어 택시를 잡으려고 학교 정문 앞에 서 있는데, 그도 퇴근하는 중이었다. 수인사를 나누고 가는 행선지를 물어보니 그도 시내로 들어간다 하기에 마침 잘되었다 싶어 그를 내가 잡은 택시에 동승시켰다. 대화 중에 처음 해보는 교수생활이 어떠냐고 했더니 별 재미가 없다는 시큰둥한 답변이었다. 소설가로서 때론 딱딱한 이론 강의도 해야 하니 자기의 상상력이 어떤 틀에 구속되는 듯한 느낌이 들기도 하고, 또 학생들의 작품을 일일이 지도해주어야 하기에 본인의 시간을 많이 뺏겨 작품 쓸 시간이 적어 큰 흥미를 못 느끼고 있다며 교수 체질이 아닌 것 같다고 웃으며 말했다.

아닌 게 아니라 평소 이런 마음이 있었기에 그해 2학기로서 한양대 교수직을 그만두고 자유로운 전업작가 생활로 들어가 많은 작품을 썼다.

뿐만 아니라 그의 작품은 8~9편이 영화화되어 그의 이름을 드높이는 데 알게 모르게 힘을 보태주었다. 동시대나 아니면 그 앞 세대의 어느 작가보다도 영화화된 장편과 단편 작품이 가장 많다. 단편 「석화촌」(정진우 감독), 「이어도」(김기영 감독), 장편 「낮은 데로 임하소서」(이장호 감독), 「시발점」의 원작인 단편 「병신과 머저리」, 「밀양」(이창동 감독)의 원작인 단편 「벌레이야기」 등이 각각 각색·영화화된 것이다.

특히 임권택 감독에 의해 「축제」 그리고 「서편제」와 그 완결편이라 할 수 있는 「천년학」의 원작인 단편 「선학동 나그네」가 그의 만년의 문명을 드높이는 데 큰 몫을 했다.

　비록 깊고 깊은 인연은 없었지만 소매 끝이라도 몇 번 스친 인연이 있었기에 그가 그립다. 연작 소설집 『남도사람들』의 배경이 된 그의 고향 그리고 그 주변의 들녘을 학이 되어 날고 있을지 모른다는 생각이 문득 든다.

14. 하룻밤 만단설화(萬端說話)를 나눠본 소설가 이문구

내가 소설가 이문구를 처음 만난 것은 그가 〈월간문학〉 편집장으로 있을 때인 1970년도다. 그 당시 나는 을지로 2가에서 외국어학원을 갓 시작했을 때다. 어느 날 나의 고향 후배가 찾아와서 〈현대문학〉사의 문예강좌에서 만나게 된 20대 초반의 문학 지망생 10여 명이 토요일에 한 번씩 만나 작품 토론회를 해오고 있는데, 학원의 교실 하나를 빌려주면 좋겠다는 청이었다. 즉석에서 그냥 공짜로 마음껏 이용하라고 쾌히 승낙하니 가능하면 간혹 나도 참여하여 좋은 강의나 지도도 있었으면 했다.

그 후배가 훗날 시인이 되어 뒷날 지방신문의 문화부장까지 지내다가 결국 지병으로 몇 년 전에 타계한 시인 정규화 시인이다. 그리고 훨씬 세월이 지나서 안 사실이지만 그 멤버 중에는 여성으로서 시인이 된 김추인, 권현수 그리고 작가가 된 윤정옥 등도 끼어 있었다.

매주 토요일 서너 번 모임을 가진 어느 날, 작가 지망생도 있으니 그럴 만한 작가를 초청하여 강의도 듣고 싶다 했다. 그래서 평소에 알고 지내던 이문구 씨를 주선해서 강의를 듣게 해주었다.

그날 강의가 끝나고 우리는 을지로 2가 뒷골목에 있는 한옥식 민속주점으로 가서 뒤풀이를 했다. 강의실에서와는 달리 많은 개인적 질문들도 오갔는데 시간이 제법 흐르자 회원들은 다 떠나고 결국 이문구 씨와 나만 남게 되었다. 둘만의 자유로운 시간을 갖도록 알아서 자리를 다 떠나고 보니 마침 여름이라 마당에도 손님을 받기 위해 멍석을 펴놓고 마련해둔 술자리가 비어 있기에 자리를 옮겨 많은 이야기를 나누었다.

그러다 보니 통금시간이 가까워졌는데 내일은 일요일이고 또 그와 내가 다 홀몸으로 하숙생활을 하는 처지라 이왕에는 마당에서 자기로 작정하고 밤이 이슥하도록 이야기를 나누었다. 하늘의 별을 보고 드러누워 서로 각자의 집안 이야기며, 성장배경, 가족관계까지 고해성사하듯 털어놓기도 했다.

그는 한산 이씨 토정 이지함의 13대손이라며 6·25사변 때 사상 관계로 아버지와 형들을 잃은 사정 그리고 곧이어 어머니마저 떠나보내 15세 때 가장이 되었고, 중학을 졸업한 후 상경하여 막노동과 행상을 했던 이야기, 조실부모한 처지라 서라벌 예대의 은사인 동시에 문단 등단을 이끌어준 김동리 선생을 아버지처럼 모시고 있다는 이야기 등등을 마치 친형을 만난 듯 있는 그대로 들려주었다.

듣고 보니 동병상련 같은 정도 생겨 나의 처지도 거리낌 없이 들려주었다. 역시 6·25 때 아버지를 잃게 된 사연, 그리고 한 집안의 장남 겸 종손으로서 책임을 맡고 있는 가정 사정 등을 이야기했다.

그 후 얼마 있지 않아 그는 동리 선생이 청진동 세진빌딩에다 사무실을 열고 월간 〈한국문학〉을 창간하게 되자 편집장으로 가 일했다. 그 뒤 1974년 초였는데 술이나 한잔 하자 하여 무교동 낙지집에서 만났다. 옮겨간 〈한국문학〉의 사정을 이야기하며 물론 경리로서 작가 서영은 씨가 있긴 하지만 이렇다 할 다른 사람을 둘 수 있는 형편이 아니어서 온갖 일을 거의 혼자서 도맡다시피 하느라 아예 사무실에서 먹고 자고 한다는 것이다.

그가 이런 생활을 했던 그 당시의 청진동 골목은 가히 '문인의 거리'였다. 〈창작과 비평〉, 〈문학과 지성〉, 종합지 〈세대〉, 출판사로는 민음사, 열화당, 신구문화사 등이 자리하고 있었다.

이 시기에 그는 이른바 반체제 문인들이나 민중문학 계열의 문인들과 많은 접촉이 있었다. 이로 인해 '자유실천문인협의회' 창립에도 관여했고, 그 뒤 '민족문학작가회의' 기관지 〈실천문학〉의 발행인이 되기도 했다.

이런 그와 나 사이에는 어떤 소속 단체의 동지의식이나 일원으로서가 아니라 순수한 개인적 교분만 쌓아왔다. 그래서 자기 책이 나오면 간혹 잊지 않고 보내주곤 했다. 지금도 나의 서재 책꽂이에는 연작소설집인 『관촌수필』과 『우리 동네』 그리고 단편 모음집인 『이 풍진 세상을』이 꽂혀 있다. 특히 『이 풍진 세상을』의 표제작이 되어 있는 이 작품을 월평에서 한껏 칭찬해주었던 기억이 새롭다. 걸쭉한 충청도 방언을 구사하여 해학미가 넘치는 작품이라 평했는데, 책을 받았을 때 바로 그 작품이 표제작이 되었으니 감회가 남다를 수밖에 없었다.

그는 2003년도에 63세로 타계했다. 처음에는 많은 고생을 했지만 작가로서는 성공한 삶을 마감했다. 그리고 사람 좋기로 소문난 그는 큰 적(敵)이 없었다. 그래서 문단의 두 단체가 처음으로 공동으로 문인장을 치러주었다.

작고하기 전 본인의 유언에 따라 화장한 유골을 유소년 시절에 뛰어놀던 고향의 소나무 숲에 뿌려주었다. 그 고향이 바로 연작소설집 『관촌수필』에 나오는 충남 대천 관촌마을(일명 갈머리)이다. 『관촌수필』은 작가가 생장한 관촌(冠村)마을을 무대로 회고적인 시각에서 수필적 기법으로 쓴 작품이다.

우연의 일치인지 모르지만 내 자신도 장르야 다르지만 고향 이야기를 수필로 써서 『옥산봉에 걸린 조각달』이라는 책을 내보았다.

이래저래 우리는 닮은 데가 많았다. 40년 전 젊은 시절, 별을 보며 나란히 누워 이야기로 거의 밤을 새우다시피 한 을지로 그 술집 마당의 추억은 엊그제인 것만 같은데 그는 이미 떠났고, 남아 있는 나는 어느새 나이가 70 중반이 되었으니 낙화유수가 따로 없다는 생각이 앞설 뿐이다.

15. 동갑내기로 맺은 끈끈한 우정, 소설가 김국태

내가 소설가 김국태 씨를 처음 만난 것은 1970년대 초이다. 그는 서울사대 교육학과를 나왔는데, 재학 중에 〈현대문학〉 창간자인 김기오 선생의 장학금을 받은 것이 인연이 되어 졸업 후 교직에 있다가 편집부 기자로 와서 일하고 있을 때다. 문단 데뷔는 역시 〈현대문학〉을 통해 1969년도에 했으며, 추천 심사위원인 작가 안수길 선생의 사위라는 것은 듣고 알고 있었다.

1970년도에는 자주 원고 전달 관계로 〈현대문학〉사를 들락거렸다. 「한국소설론」이라는 연재물 때문이었다. 드나들다 보니 아주 가까워졌다. 원고료라도 받으면 사무실에서 술벗이 될 만한 남자는 동년배인 그뿐이었다.

그런데 1971년도 1월 말쯤이었다. 퇴근 시간쯤에 나의 학원으로 전화가 왔다. 그의 단골 술집 '항아리'에서 지금 전화를 거는데 '현대문학상'을 받게 되었다는 것이다. 내심 생각을 해보고 있었던 상이라 기쁜 마음에서 대충 하던 일을 정리하고 그곳으로 갔다. 그 술집은 청계천 쪽 종로 4가쯤에 있었는데, 그 당시 〈현대문학〉 필자들이 자주 이용하고 있는 곳이었다. 가서 보니 벌써

3~4명의 낯익은 문인들이 와서 이미 술판을 벌이고 있었다. 눈인사를 대충 건네고 김국태 씨와 내가 일단 잠시 별도로 만나 수상 과정의 그 자초지종을 들었다. 복수 후보가 원칙이라 평론에도 복수 후보가 올라왔는데 S대 평론가 K교수와 내가 경합이 되어 15명의 심사위원이 표를 던졌는데 내가 약 3분의 2의 표를 얻었다는 것이다. 그 당시는 〈현대문학〉 신인 추천 심사위원이 모두 자동적으로 상 심사위원이 되었던 때다. 뿐만 아니라 10여 년 만에 상금도 두 배로 올랐다는 것이다. 이래저래 기분이 좋아 그날 저녁의 술값은 당연히 '상턱 값'으로 내가 모두 치렀다.

차츰 우리는 격의가 없어져갔다. 그 후 술벗이 마땅찮으면 간혹 나를 불러내곤 했다. 1971년도 여름 어느 토요일 오후였다. 그와는 서울대 동문이지만 나와는 초면이었는데, 갓 출옥한 김지하 시인을 나의 학원으로 데리고 왔다. 나는 잘되었다 싶어 고생한 그에게 보신을 시켜주고 덕분에 나도 보신을 할 겸 보신탕집으로 데리고 가 우리는 원 없이 한껏 먹고 마셨다.

그는 〈현대문학〉사 기자 시절과 편집장 시절에 나에게 소설 월평 청탁을 유독 자주 했다. 시 월평가를 구하기보다는 소설 월평가를 구하기가 힘든지라 필자가 마땅찮아 급하면 부탁하곤 했다. 월평은 사실 귀찮고 번거롭지만 그래도 호의로 부탁을 해오는지라 우정을 생각해서 쾌히 응해 주었다.

이 과정에서 나는 설사 그의 작품이 월평 대상이 된다 하더라도 가능하면 배제하려 했다. 어쩌면 이것은 나의 결백성의 소치라 할 수 있었다. 그와 내가 매우 친한 데다 또 해당 문예지의 편집

데스크를 맡고 있다는 것이 자칫하면 '봐주기' 나 '잘 보이기' 로 비춰질 수 있다는 생각 때문이었는데, 이런 점은 우리 사이에 미리 양해가 되어 있어서 아무런 섭섭함도 없었다.

그는 장남으로서 홀어머니를 모시고 살았다. 둘만의 술자리에선 동생 김근태 이야기를 종종 꺼내곤 했다. 근태 씨는 나중에 세상이 바뀌어 열린우리당 의장이 되고 장관도 지냈지만 1976년도부터는 반체제 학생운동으로 지명수배를 받아 피신생활을 했다. 또 1983년도에 조직한 청년운동 '민청학련'을 주도해 전두환 정부에 대한 저항운동을 펴다 결국 체포되어 감옥살이를 하다 1988년도에 석방되었다. 즉 이 과정에서 형으로서 겪은 마음고생을 종종 털어내 주곤 했던 것이다. 동생이 그런 지경이었으니 한 가족의 장남으로서 모든 책임을 똘똘 짊어져야만 했는가 하면, 지명수배를 받고 있을 때에는 자주 형사들이 찾아와 동생의 소식을 캐묻거나 찾아내라고 닦달을 해 제법 많은 시달림도 받았다 했다.

그는 1980년대 초에 〈현대문학〉 편집장 자리를 떠나 처음에는 단국대 강사를 하다가 1986년도부터 추계예술대 교수가 되어 약 10년간 문예창작을 지도하다 중간에 퇴직했다. 그 후 그는 집에서 집필생활에 열중했고 반쯤은 알코올 중독자가 되어갔다. 그리고 그것이 차츰 건강을 해쳐 2007년도에 타계했다.

지금 생각해보면 〈현대문학〉사 시절부터 그는 술과 멀리하려야 할 수 없었다 싶다. 그는 호인이다. 야박하게 술좌석을 거절하지 못하는 성격이다. 그래서 때론 그의 건강 유지를 위해 야박해질 것을 여러 번 권유도 했지만, 주어진 직장 환경이 그렇게까지 하지 못할 처지였다. 〈현대문학〉의 구성원을 보아 그가 싫건 좋건 '酒상무'를 하지 않을 수 없었다 하겠다. 차츰 애주가가 되어갔고, 끝내 알코올 중독자가 된 것이다. 그의 취미는 아호 '江史'가 뜻하듯 낚시였는데, 나도 그와 여러 번 동행한 적도 있다. 저서로는 단편집 『각서풍년』 외 5권, 연작 중편집 『4·19앓이』, 장편 1권을 남겼다.

장례식장에는 젊은 시절에 형을 고생시킨 빚을 갚는다는 마음에서 동생 김근태 씨가 상주를 했고, 그 후광으로 내로라하는 야당 정치인들이 조문객으로 많이 참석하여 일반 문인들의 장례식장과는 아주 다른 분위기가 연출되기도 했다.

지난해 10월, 평사리 토지문학제에서 작가 김원일이 소설 심사위원장으로, 나는 명예추진위원장으로 참석하여 이야기를 나눈 적이 있다. 이야기 중에 지난날 그의 〈작단〉 동인들을 이야기하다 보니 자연 동인 김국태와 유재용 이야기가 나왔는데, 순간 먼저 이승을 떠난 그들을 생각해보며 서로 쓸쓸한 마음을 감출 수가 없었다.

제4부 / 세월이 남긴 사연들

1. 초정 김상옥 시인의 봉변기

내가 초정(艸汀) 선생을 처음 만난 것은 그분이 문협 부산지부장을 맡고 있을 때이다. 그분에 관해서는 이미 알 만큼 알고 있었다. 1920년 통영 출생으로 1938년에 문단에 데뷔했으며, 최종 학력이 초등학교인데 인쇄소를 다니며 독학을 했고, 젊은 시절에는 손재주가 있어 고향 통영에서 도장포를 내어 도장을 새겨주었고, 그 후 삼천포에서 초등학교 교사생활을 시작으로 하여 경남여중에서 국어를 가르치고 있었다. 초등학교 교사시절의 제자 중 한 사람이 시인 박재삼이기도 하다.

1962년도 문협 부산지부의 모임이 있던 어느 날이었다. 광복동 입구에 있었던 부산 시민회관 내에 사무실이 있었던 시절이다. 초정 선생이 지부장으로서 회의를 주재하고 있고, 아동문학가 조유로 씨가 가까이 앉아 있었다. 어떤 건을 두고 회원들이 서로 의견을 교환하고 있었는데 마침 초정 선생과 조 선생 사이에 가타부타 하는 언쟁이 벌어졌다. 일어서서 언쟁을 하던 조 선생이 순간 앉아 있는 초정 선생을 향해 홱 돌아서더니 다짜고짜 뺨을 내려치는 해프닝이 벌어졌다.

초정 선생도 벌떡 일어나 분을 못 참아 약간 더듬거리며 '호로 놈'이라 하며 멱살을 거머쥐었다. 난투극이 벌어지기 일보 직전이다. 나이 많은 일부 회원들이 급히 달려 나가 겨우겨우 말렸다. 나 같은 신출내기 문인들은 그저 황당하여 구경만 하고 있었다. 이날의 회의는 이것으로 막을 내렸다.

이 촌극의 주인공 조유로 선생은 1930년생으로 1957년도에 문단에 데뷔한 분이다. 키는 작달막하지만 외모는 제법 당차게 생겼다. 언변도 좋았고 좀 맹랑한 데가 있으며 남에게 호락호락 지지 않으려는 성격의 소유자였다. 참고 이해하려는 성질이 아니기에 기름에 불을 붙인 듯한 해프닝이 일어났던 것이다.

두 분의 나이 차이가 10년에다 또 문단 데뷔도 20년의 차이가 있고 또 거기에다 지부장의 위치에 있는 대선배를 새까만 후배가 이렇게 뺨을 갈겼으니 좁은 부산 문단은 물론, 부산의 문화계에 일대 화제가 되었다. 그래서 웬만한 문인들은 가능하면 조유로 선생과 합석을 피하려고 했고 또 언쟁도 물론 삼갔다.

그 후 공교롭게도 두 분은 다 같이 서울로 올라왔다. 초정 선생은 교직을 그만두고 1963년도에 인사동에서 표구점 겸 골동품점인 '아자방(亞字房)'을 운영했다. 나는 1964년도 〈세대〉사 기자 시절, 부산의 연고도 있고 해서 지나가는 길에 일부러 인사차 들러보았는데 반갑게 맞이하시면서 직접 표구를 하다 풀이 묻은 손을 대충 닦고 다방으로 데려가 커피 대접을 해주었다. 대접을 받고 나오면서 나는 생각해보았다. 역시 솜씨가 있으니 표구점을 내었고 또 지부장 시절에 취미로 골동품을 수집하는 것을 여러 번 보앉는데 역시 골동품 가게를 겸하는구나 싶었다.

조유로 선생의 경우는 집안간이기도 하고 또 박정희 대통령의 대구사법 동기 동창인 조증출 씨가 MBC 사장으로 부임하자 한동안 기획위원을 맡아 서울생활을 하다 그 후 부산으로 다시 내려갔다.

아무튼 두 분은 참 묘한 인연이 있었던 것 같다. 부산시절의 만남과 해프닝, 서울생활 그리고 더욱 공교로운 일은 같은 해에 돌아갔다는 사실이다. 초정 선생은 2004년도에 84세로 돌아가셨는데 그해에 바로 조유로 선생도 돌아갔다.

지금은 저세상에 가신 두 분이 서로 만나 생전의 일을 툴툴 털고 화해의 악수를 했는지 모르겠다.

2. 동생의 결혼 주례 서신 소설가 송지영 선생

소설가 송지영 선생은 평북이 고향으로서 1916년에 태어나셨고, 1989년 향년 73세에 돌아가셨다. 평생을 언론계에 종사하면서 틈틈이 장편 역사소설 집필에 힘을 쏟았다. 번역과 창작 역사소설이 10여 권 된다. 언론계 쪽을 보면 동아일보 기자로 출발해 여러 신문사를 거치는 과정에서 논설위원과 편집국장을 역임했다. 그리고 만년에 해당하는 1970년대 말과 1980년대 초반에는 한국문예진흥원장, 국회의원 그리고 한국방송공사 이사장을 역임하기도 했다.

그분의 아호는 비를 몰고 다니는 사람, 즉 '雨人' 이다. 이 아호의 운명적 팔자소관이었는지는 모르지만 비유해서 말해 그분의 인생역정에서 참으로 고통스러운 결정적인 큰 광풍의 폭우가 흠뻑 내린 적이 있다. 그것은 5·16 군사혁명이 나자 민족일보 사건에 연루되었다 하여 혁신계로 몰려 곤욕을 치른 사건이다. 사실 그 당시 그분은 민족일보 사건과는 하등의 관계가 없었을 뿐만 아니라 당시 직책은 조선일보 편집국장으로 자기 일에만 충실했는데, 그는 누명을 쓰고 어이없게도 혁명재판소에서 사형 언도까지 받았던 것이다. 다행스럽게도 무기로 감형되어 1968년 7월, 8년 2개월 만에 자유의 몸이 되었던 것이다. 그 2년 후인 1970년도에는 일시적으로 객원으로서 조선일보사와 다시 인연을 맺었고, 1971년도에 드디어 논설위원으로 복직되었다.

바로 이 시기에 나는 우인 선생을 뵙게 되었다. 작가 이병주 선생과 어울린 주석이었는데, 그곳이 그분들의 단골집이었던 관철동의 '사슴'이었는지 아니면 작곡가 이봉조 누님이 경영했던 인사동의 '사천집'이었는지 분명치는 않지만 그 어느 한 집에서였다. 뒤에 들은 이야기지만 두 분은 술벗으로서 매우 가까이 지냈다. 언론인 문인이라는 동지의식에다 5·16 이후 다 같이 옥고를 치른 경험이 더욱 가깝게 했지 않았나 싶다. 그 뒤도 주석에서 두어 번 뵈었는데 설사 젊은이들이 실언을 하거나 다른 결례를 해도 그저 웃고만 있을 정도로 이해심이 넓었다. 친구들이 전해주는 말에 의하면 비록 키나 체구는 작지만 통이 크고 남을 욕할 줄 모르는 분이라는 것이다. 이런 여러 인연으로 문예진흥원장으로 계실 때인 1979년도에 나는 대뜸 원장실로 찾아가서 국세청에 다니고 있는 동생의 결혼 주례를 부탁드렸다. 12월에 치르는 결혼식이라 연말 행사로 바쁘실 텐데도 결혼 일자를 확인하시곤 즉석에서 쾌히 승낙하셨고 또 그 결혼식도 무사히 마쳤다.

얼마 후 별도로 형으로서 고맙다는 인사도 다시 드릴 겸 저녁식사라도 대접해 드리려고 진흥원으로 찾아가 뵈었다. 지난 시절 시인 박인환과 특별한 관계가 있다는 이야기를 이미 들었기에 식사 자리에서 직접 그 사정을 물어보기도 했다. 듣고 보니 우인 선생이야말로 한 시대를 풍미하고 지금도 우리의 기억 속에 살아 있는 박인환 시인을 문인으로 이끌어주신 분인 동시에, 주검의 눈도 감겨준 분이라는 걸 증언처럼 들을 수 있었다. 해방 바로 그 다음 해인 1946년 12월에 국제신문의 주간이던 그분이 그 지면에다 박인환의 「거리」라는 작품을 발표시켜줌으로써 박인환도 문단에 데뷔했던 것이다. 그 당시 일정한 추천제도가 없었기에 선배 문인의 소개로 발표가 되면 그것이 곧 문단 데뷔였던 시절이었다. 우인 선생은 박인환보다 10세 연상이었다. 그리고 또 박인환이 불과 31세 젊디젊은 나이였던 1956년도에 집에서 자다가 심장마비로 눈을 치켜뜬 채 가버리자 그 이튿날 바로 달려가 눈을 감겨 준 분이 바로 우인 선생이란 사실도 알게 되었다. 그날 저녁은 접대도 접대이려니와 문단 비화의 한 토막을 들었다 싶어 유쾌하고 유쾌했다.

끝으로 살아생전 술자리 현장에서 보았던 우인의 장기를 하나 소개할까 한다. 평상시는 술자리에서 별말씀을 안 하시지만 분위기가 무르익는다 싶으면 문자 그대로 풍류염담을 술안주 삼아 털어내 즐겁게 해주곤 하셨다. 이야기꾼이라는 작가 본래의 본성이 발휘되어 술맛이 절로 났던 기억이 난다. 능욕당한 한 여인이 끝내 복수하는 이야기, 여인들의 암투와 복수 이야기, 맹목적인 사랑이 불러온 파경 이야기, 지고지순한 여인의 한 서린 이야기 등등인데, 우리에겐 그날 저녁은 '아라비안나이트'가 아니라 '코리안나이트' 쯤은 되었다. 결국 이런 이야기 8편을 묶어 사후인 1998년도에 『풍류염담』이라는 책이 나오기도 했다.

3. 나를 동심의 술벗으로 여긴 박화목 선생

    박화목 선생은 1924년생이고, 2005년도에 향년 81세로 돌아가셨다. 황해도 황주 태생으로 해방 직후 월남했다. 1941년에 어린이 잡지 〈아이생활〉에 동시 「피라미드」와 「겨울밤」이 추천되어 문단에 나왔다.

    경력과 문단 활동을 보면 한국일보 문화부장과 기독교방송국 설립 초기 편성국장, 한국방송회관 상무이사를 역임했고, 문단 활동은 한국크리스천문인협회 회장, 한국문협 아동분과 회장, 한국아동문학회 회장 등을 역임했다.

    나는 그분과 장르가 같아서도 아니고 또 글로써 인연이 있어서가 아니라, 오로지 문협 세미나에서 자주 만난 것이 인연이 되어 특별히 가깝게 지냈다. 특히 나는 1980년대 중반부터 1990년대에는 한국문협 행사의 주제 발표자 또는 좌장으로 숱하게 참석했는데, 그분도 일찍이 한때 문협 이사와 아동분과 위원장을 역임했기에 마치 고향을 찾아오듯 자주 참석도 했다.

    그러다 보니 친숙해졌는데 특히 그분은 세미나가 끝나고 식사를 하거나 뒤풀이를 하는 경우에 내가 보이면 꼭 자기 자리로 부르곤 했다. "이유식은 이제 젖을 떼고 이유식을 먹으니 아동문학가와 같이 놀아야 제격이야"라는 농담을 던지며, 앞자리 아니면 옆자리에 앉히곤 했다. 어쩌면 나를 동심 속의 술벗으로 여겼다고 할까. 그분은 늘 맥주 체질인데 나 역시 그렇다 보니 죽도 잘 맞았다.

1990년도 세미나에서였다. 내가 평론분과 회장 시절이었는데 좌장으로서 세미나를 끝마치고 식사 겸 술을 드는 친교의 자리에서 동석하게 되었다. 맥주를 들며 이런저런 이야기를 나누는 중에 마침 그 바로 앞 해에 '스포츠서울'에 내가 연재한 「유행가에 나타난 세태」를 간혹 재미있게 읽었다면서 문학평론가가 이젠 가사 평론가로 전향하려느냐는 농담까지 했다. 그분의 여러 동시가 동요로도 불리고 있긴 하지만 「보리밭」이 가곡으로 널리 불리고 있으니 응당 그런 관심을 가질 수 있겠다 싶었다.

그러자 문득 그 에세이에서 「보리밭」의 노랫말을 언급했던 기억이 순간 떠올라 그분이나 또 옆자리에 동석한 문인들에게 그 글의 일부를 소개해보았다. "보리밭 사잇길로 걸어가면/ 뉘 부르는 소리 있어 발을 멈춘다/ 옛 생각이 외로워 휘파람 불면/ 고운 노래 귓가에 들려온다/ 돌아보면 아무도 보이지 않고/ 저녁놀 빈 하늘만 눈에 차누나."

여기서 '보리밭'은 지난 시절 애인과 사랑을 맺고 밀어를 나눈 공간이었지만, 지금은 가고 없는 그 임을 못 잊어 추억의 그 보리밭 길을 걷는다는 것, 그러다 보니 환청에서 그 임의 노랫소리가 들려오는데 순간 그 환청에서 깨어나 보니 옛날과는 달리 혼자뿐이라 쓸쓸히 먼 하늘만 바라본다는 해석을 마치 디스크자키가 된 듯 풀이해주었다.

그리고 나서 전통적인 농경사회에서는 사랑의 밀어를 은밀하게 나눌 수 있는 가장 좋은 장소가 바로 보리밭, 목화밭, 물레방앗간인지라 그래서 소설에서나 노랫말에서 이런 장소가 자주 나온다고 설명했다. 가령, 보리밭의 경우만 보아도 김동리의 「윤사월」, 「을화」, 「까치소리」 등에 나오는데 이에 상응하는 노랫말이 바로 「보리밭」이라 했다. 그러면서 "아마도 박 선생님께서는 젊은 시절에 보리밭에서 밀어를 나눈 경험이 분명 있지요? 그런 경험이 있기에 그런 시를 쓰셨잖아요?" 하고 농으로 다그치듯 물었더니 옆 사람들이 이구동성으로 '맞다'고 해 한바탕 웃었다. 그리고 브라보 맥주 한 잔씩을 또 마셨다.

또 한 가지 다른 일도 있었다. 1995년도 1월에 있었던 제20대 문협 임원선거에서 있었던 일이다. 나는 그 당시 처음으로 부이사장에 출마했고, 그분은 선거관리위원장을 맡았다. 직접선거였는데 부이사장 자리 다섯 석을 놓고 12명이 출마해 전례 없는 치열한 경쟁이 있었다. 시에서 3명, 소설에서 1명, 시조에서 1명, 수필에서 1명, 아동에서 2명, 희곡에서 2명, 평론에서 2명이 각각 출마를 해서 각축을 벌이다가 결국 시인 출마자 전원이 당선되고, 겨우 수필과 평론에서 각 한 자리씩 차지했다. 개표 결과를 발표하고 난 후, 그분은 평소의 각별한 친분이 생각나서인지 나에게로 직접 와서 축하를 해주었다. 장르별 회원 수로 보아 평론은 가장 열세 장르 중의 하나일 뿐만 아니라, 더욱이 같은 평론에서 두 사람이 나왔는데도 소설이나 시조 그리고 아동 장르를 제치고 당선되었으니 숨은 저력을 알 만하다는 칭찬도 해주었다.

박화목 선생은 1950년대 말에 '문화촌'이라 불렸던 홍제 3동에서 이른바 문화인들과 어울려 살았는데 돌아갈 때까지 그곳에서 지킴이처럼 살았다. 그래서 한국아동문학회가 주축이 되어 구청과 상의하여 그곳 근린공원에 '과수원길' 시비를 세웠다. 평소 온화한 성격에 항상 웃음을 잃지 않았던 그분의 모습이 떠오른다. 저세상에서도 '보리밭'이나 '과수원길'을 걷고 있는지…….

수상 관계로는 한정동 아동문학상을 비롯하여 대한민국문학상(1998), 서울시문화상(1989), 한국아동문학대상(2001) 등을 수상했고, 저서로는 시집에 『시인과 산양』, 『이 사람을 보라』 등 10권이 있으며, 동시집에 『초롱불』 등이 있고, 수필집에 『보리밭』, 『그 추억의 길목에서』 등 5권이 있다.

4. 생전에 먼빛으로만 뵌 설창수 시인

　나는 진주중학교에 1951년도에 입학했고, 진주고등학교를 1957년도에 졸업했다. 이 6년 동안 해마다 영남예술제를 구경했다. 영남예술제는 1959년도부터 개천예술제로 명칭이 바뀌었지만 그 당시는 음력 10월 3일을 기해 1주일간 개최되었다. 양력으로 보면 11월이다. 추수가 다 끝난 시기여서 진주 일원의 서부 경남 사람들에게는 이렇다 할 구경거리나 볼거리가 없었던 시절이라 큰 구경 판이나 다름없었다. 문학, 음악, 미술, 연극, 무용, 변론(웅변) 등 주로 순수예술 분야에서 백일장, 실기대회, 경연대회, 초대전, 공모전, 강연회 등의 행사가 줄지어 있었으니 가히 축제였다.

　1949년도에 시작한 이 행사는 6·25전쟁이 났던 1950년도와 박정희 대통령이 서거한 1979년을 제외하곤 개최 시기가 양력 10월 3일로 달라졌을 뿐 지금까지 매년 열리고 있다.

　이 행사를 창시한 사람이 바로 시인 설창수(아호 巴城) 선생이다. 그는 1949년 제1회 때부터 대회장으로서 근 10년간 이 행사를 주도했는데, 나는 중·고교 시절에 그분을 행사장에서 비록 먼빛이었지만 너무나 많이 뵈었다. 까무잡잡한 얼굴에 올백으로 수사자 갈기 같은 예술가 머리를 하고 흰 무명 두루마기를 입고 다니시던 모습이 퍽 인상적이었다. 그리고 행사장에서만이 아니라 평상시 학교를 오갈 때도 더러 길거리에서 뵈올 수도 있었다.

그분을 이렇게 오로지 멀리서만 뵙고 직접 대면이나 인사가 없었던 이유가 있었다. 나는 고교 시절에 문학서적만 읽었지 직접 시를 습작해본 적이 없다. 만약 나도 영남예술제의 한글백일장이라도 나갔더라면 물론 직접 만나 뵈올 수 있는 기회는 얼마든지 있었을 것이다. 그러나 그렇지 못했을 뿐만 아니라, 고등학교를 졸업하고부터는 진주를 떠나 생활하다 보니 평생 동안 한 번이라도 직접 면대해서 뵈올 수 있는 기회가 영 없어지고 말았다.

나의 진주고 동기생인 성종화 시인이나 또 한 해 위인 허유 시인은 그래도 고등학생으로서 한글백일장에 참여하여 입상도 하고, 또 중학 동기였지만 진주사범으로 가 열혈 문학청년이 된 정재필 시인도 그분을 그때부터 잘 알게 되었는데 나와는 입장이 아주 다른 셈이다. 대신 그분에 관한 이야기를 더러 들을 수 있는 기회는 있었다.

고교 시절에 국어를 가르쳤던 조진대 선생이란 분을 통해서였다. 그분은 1952년도에 설창수, 이경순과 함께 『三人集』이라는 책을 낸 바 있었는데, 물론 설창수 씨와 이경순 씨는 시로 참여했지만 그분은 소설로 참여했던 신진 소설가였다. 그래서 수업시간에 대회장인 설창수 선생에 관한 이야기를 더러 들려주었고, 또 그동안 그 행사에 서울에서 변영로, 이은상, 모윤숙, 노천명, 구상과 같은 분이 내려왔는데 술자리를 같이 해보았다며 중앙의 기라성 같은 문인들을 알게 된 것을 은연중 자랑으로 내비치기도 했다. 또 양념으로 〈현대문학〉사 주간이자 평론가인 조연현 선생은 고향이 다 같은 함안이라 문학청년 시절부터 절친하게 지낸 친구 사이라는 이야기도 해주었다. 나 같은 어린 고등학생 눈에는 그분이 고교 국어 교과서에 나오는 변영로, 모윤숙, 조연현 같은 분을 알고 있구나 싶어 어딘지 남달라 보이기도 했다.

아무튼 조진대 선생은 우리 학생들에게 간혹 설창수 선생에 관해 제법 많은 이야기를 들려주었다. 설 시인이 30대 초반이었던 1948년도에 문학지 〈嶺南文學〉(바로 다음 해에 제호를 〈嶺文〉으로 바꿈)을 연간으로 창간한 이야기에서부터 한때는 문교부 예술과장도 했고, 지금은 경남일보 주필에서 사장이 되어 있다고도 소개했다.

그 후 내가 대학생이 되었을 때 이분은 참의원이 되었다. 그러나 1961년 5·16 쿠데타로 곧 참의원에서 물러났을 뿐만 아니라 5·16에 대한 반대 입장을 분명히 취함에 따라 부득이 경남일보 사장, 개천예술제 준비위원장, 영남문학회 회장직에서 물러나지 않을 수 없었다.

그 후 1963년도부터는 생활수단의 한 방편으로 1985년도까지 전국 순회 시화전 나들이를 했는데 국내 221회와 일본 2회라는 전무후무한 기록을 세우기도 했다. 시와 군 단위 소재지를 거쳐 때론 면 단위 마을도 돌았으니 지금이라면 기네스북 기록감이라고나 할까.

그분은 1916년생으로 1998년도 향년 82세에 타계했다. 군사정권에 대한 응어리를 평생 갖고 살다 가셨다. 개천예술제를 창시한 진주의 대표적 문화예술인으로 후세에도 길이 기억되리라 보며, 더 나아가서는 진주를 이 나라의 문화제나 예술제 개최의 발상지로 만들었기에 그 개척자로서도 기록되리라 본다.

1950년대 진주에서 중·고등학생 시절을 보낸 감수성 예민한 학생들이라면 알게 모르게 그분의 영향을 직·간접으로 받으며 성장했다. 그래서 반세기가 지나도 그 시절이 못내 그리워 이곳 출신 외지의 문인들이 주축이 되어 2008년도에 '남강문우회'를 결성해 수시로 만나고 있으며, 또 〈남강문학〉이라는 동인지도 연 1회 내고 있는데 벌써 3호가 나왔다. 나 자신도 이 모임의 한 사람이다. 창간호에서는 선생을 기리고 추모한다는 뜻에서 특집을 꾸미기도 했는데, 혹시 이 소식을 저세상에서 들을 수만 있다면 무척 기뻐하시리라 본다.

단상에서 늘 사자후를 토하고 또 흰 두루마기 자락을 펄럭이며 남강 다리를 건너다니시던 그 모습이 50년이 훨씬 지난 지금도 눈에 선하다. 어쩌면 내가 문학인이 된 것도 그 두루마기 자락에서 일던 남강 바람 때문이 아닌가 싶기도 하다. 또 그동안 서너 차례 '진주라 천리길'을 달려가 개천문학 신인상 심사위원이나 심사위원장을 맡아본 것도 크게 보면 그분이 가꾸어 놓은 텃밭이 있었기 때문이라는 생각도 든다.

5. 해외여행 동침의 깊은 인연, 김차영 시인

이 세상에 태어나 소매 깃만 스쳐도 인연이라는데 하물며 동성 끼리의 여행, 그것도 국내가 아니라 해외에서 몇 밤을 한 방에서 동침하듯 보냈다면 정말 그것은 예사로운 인연은 아닐 것이다. 그로 인해 서로 깊이 알게 되어 더욱 친숙해질 수 있기 때문이다.

바로 이런 인연이 시인 김차영 선생과 나 사이에 있었다. 1981 년도다. 물론 그 이전에 문단의 이 모임 저 모임에서 뵙고 이런저런 인사를 나눈 적은 있었다. 그러나 문단의 대선배에다 연령차도 16세 정도 나고, 또 가까이 지낼 만한 이렇다 할 연고나 인연도 없었기에 그저 겉치레의 인사 정도만 하고 지냈다.

그런데 이런 처지에 서로에게 같이 해외에 나갈 기회가 온 것이다. 이른바 '문인 해외문화시찰단' 의 같은 팀원이 된 것이다. 물론 해외여행이 자율화되기 전인데 제5공화국에서 문인들에게 해외에 나가 체험적 소재를 찾아보라는 일종의 시혜적 선심관광으로 계획된 시찰이었다. 1개 조가 8명으로 구성되어 있었다. 시인으로 김차영, 김규동, 민영, 소설가로는 전상국, 윤흥길, 문순태, 평론에 내가 있었고, 문학잡지 측으로 〈문학사상〉에서 나온 편집기자가 1명 있었는데, 중진과 중견 그리고 장르까지 고려된 구성이었다.

10월 중순에 떠나 프랑스, 이태리, 요르단(건설현장 시찰), 인도네시아, 홍콩 등을 거쳐 20여 일 가까이 되어 돌아왔다. 만 30년이 지난 지금 생각해봐도 정말 뜻있고 유익한 나들이였다 싶다. 이 과정에서 나는 김차영 시인과 근 1주일간 이른바 룸메이트로 친숙하게 지냈다.

김 시인은 경기도 강화 출신이다. 일본에서 수학했으며 해방 얼마 전에 문예지의 시 발표로 데뷔했다. 해방 후와 6·25 이후의 1950년대는 남달리 동인 활동에 적극 참여했다. 1948년도에 결성된 '신시론' 동인, 1951년 피난지 부산에서 결성된 '후반기' 동인 그리고 이외에도 '시와 산문' '다이알' 동인에도 참여했다. 크게 보면 전위적 모더니즘 시운동의 일원이었는데 그러다 보니 김경린, 김규동, 김수영, 박인환 등이 친구로 한때나마 문학적 동지이기도 했다. 워낙 과작이라 1969년도에 첫 시집이랄 수 있는 『상아환상』을 펴냈다.

아무튼 이런 대선배를 한 방에서 모시다 보니 처음에는 무척 신경이 쓰였다. 그러나 동생처럼 격의 없이 편하게 대해주고 또 내가 맡아 하는 일에 칭찬도 아끼지 않아 힘도 났다. 8명의 팀원 중 나이나 문단 연조로 보아 내가 중간쯤이기에 간사를 맡아 의견을 조율했는데 두어 번 칭찬을 들었다.

그리고 밤에 둘만의 2인용 방에서 지난 시절 그분이 했던 동인 활동에 관해 이야기를 듣기도 했는데, 그런 여운이 아직도 남아 있어 동인 활동도 하고 있다 했다. '전환' 동인이라 하면서 3년 전(1978년) 박태진, 이원섭, 조향, 정귀영과 어울려 역시 앤솔러지(anthology) 형태로 2~3권 책을 내고 있다고 하면서 계속 낼 예정이라 했다.

이런 이야기들 중에 아직도 내 기억 속에 생생히 살아 있는 이야기가 하나 있다. 지난날 동인이었던 시인 박인환에 관한 것이다. 그는 평소에 얼마나 멋을 부리고 다녔는지 모른다며 그가 입고 다닌 양복은 외국 고급 천에 일류 양복점의 라벨이 늘 붙어 있었고, 흐린 날에는 손잡이가 묘한 박쥐우산을 늘 들고 다녔으며, 봄과 가을엔 레인코트를, 겨울엔 기장이 땅에 끌릴 정도로 긴 러시아풍의 외투를 걸치고 다녔다 했다.

그리고 하루의 관광을 마치고 저녁식사 후 일행이 모여 앉아 잠시 휴식을 취하는 자리에서는 종종 농담도 던지곤 했다. 자기의 이름에 '차' 자가 들어 있어 평생 동양통신사의 '차장' 밖에 못 올라갔다는 농을 했는데, 역시 농은 농일 뿐 물론 그 뒤 대한상공회의소로 직장을 옮겨서는 출판부장을 지냈는데 일부러 우리를 웃겨주려고 한 농담이었다.

또 한 가지 해프닝도 있었다. 프랑스에 첫발을 내디딘 첫날, 다 같이 모인 자리에서 장기간 여행을 하려면 명목으로라도 좌상 겸 인솔자가 한 분 있어야 하겠기에 멋도 모르고 대뜸 겉모습만 보고 김규동 시인께서 맡아주셨으면 좋겠다고 내가 즉석에서 제안을 했다. 순간 모두들 서로 표정을 살피며 머뭇거리고 있는데, 김차영 시인이 약간 경직된 표정으로 사실은 자기가 김규동 시인보다는 세 살 위라고 했다. 약간은 죄송스럽기도 해서 "그러시다면 당연히 김 선생님께서 맡으셔야죠" 하고 면피를 했던 일도 있다.

그 뒤 약 10년 후인 1991년도에 나는 잠깐 모 월간문학지 주간직을 맡은 일이 있었다. 권두좌담 시리즈로 '전국 동인지 실태를 조명한다'를 기획한 일이 있다. 시 동인지 좌담 때 지난날 해외여행에서 들었던 이야기가 생각나 '전환' 동인을 대표해서 모신 일이 있다. 그날 좌담회의 최고령으로서 아랫세대의 후배들에게 경험담의 좋은 조언도 해주었다.

1994년도에 돌아가신 걸로 알고 있다. 평소 인천과 깊은 연고가 있었던 분인데, 그곳의 후배 문인들이 여러 업적을 잘 챙겨주었으면 한다.

6. 나를 '이 판사'라고 불렀던 소설가 박연희 선생

박연희 선생은 함남 함흥 출신으로 1918년에 태어났고, 2008년도에 향년 90세로 작고했다. 1946년도에 〈백민〉지에 근무할 때 그 잡지에 작품을 발표하면서 등단했다.

동아일보 문화부 차장(1958), 한국전력공사 공보실 차장(1962) 등을 거치고는 거의 집에 들어앉은 전업작가로 일관했다. 문단 경력이라면 한국소설가협회 대표위원(1983)과 고문(1997)을 역임했는데 1981년도에는 대한민국예술원 회원이 되었다. 상으로는 자유문학가협회상(1960), 대한민국예술원상(1983), 3·1문화상(1996) 등을 수상했다.

대표 작품으로는 「증인」, 「방황」, 「변모」 등이 있는데 크게 말해 그의 작품세계는 러시아문학의 영향을 많이 받았으며, 서민들의 삶이나 또는 현실비판적인 사회의식을 많이 드러내 보여주고 있었다. 작품집으로 『무사호동』, 『망향』, 『하촌일기』, 『밤에만 자라는 돌』, 『주인 없는 도시』 등이 있고, 또 몇 권의 장편이 있다.

내가 선생을 알게 된 것은 순전히 술집 출입에서 비롯되었는데 1970년대부터였다. 그곳은 '항아리집'이라는 주점인데 〈현대문학〉사가 그 당시 종로 4가 기독교회관 건물에 들어가 있었기에 그곳도 역시 약간 거리는 떨어져 있었지만 그 부근쯤이었다. 나의 경우로 보면 1970년대 초부터, 가령 1978년도까지만 해도 〈현대문학〉사를 자주 드나들게 된 것이 인연이었다. 1970년대에는 「한국소설론」을 몇 회 연재하느라 드나들었고, 또 1971년도 말부터 1978년도까지라면 주로 매년 소설 월평을 3~4개월 동안 쓰다 보니 역시 그 술집을 자주 드나들게 되었다.

그 당시 〈현대문학〉사 편집실을 보면 필자들과 술자리에 어울릴 수 있는 기자는 남자로서는 작가 김국태 씨뿐이었는데 말하자면 그가 필자들과 자주 어울려 다닌 술집이 바로 그 '항아리집'이었던 것이다. 역시 나도 간혹 원고를 전달하고 나서 퇴근 시간이 가까우면 그와 어울려 그 단골집을 자주 드나들게 되었다. 바로 그곳에서 박연희 선생을 만났던 것이다.

간혹 이범선 선생도 드나들었고, 또 훨씬 아랫세대로는 김원일, 유재용, 전상국, 김문수, 김용운과 같은 작가들도 드나들었다. 어떻게 보면 그 집은 〈현대문학〉 필자들의 단골 술집인 셈인데 좁게는 소설 작가들의 단골집이었다.

지금도 생생히 기억나는 일이 하나 있다. 그 당시 동대문경찰서 경비과장으로 근무하던 수필가 이기진 씨가 관내 순찰을 돌다가 그곳에 간혹 들르기도 했는데 가죽점퍼에 권총을 차고 나타났던 모습이 훤히 떠오른다.

잠시 여기서 1970년대의 문인들의 단골 술집을 살펴보면, 1950년대의 명동시절과는 달리 여기저기에서 단골집이 생겨났다. 청진동 골목에 있었던 맥주홀 '가락지', 종로 2가의 2층 맥주홀 '낭만', 관철동의 '사슴', 인사동의 '사천집'이 있었는데 아무튼 〈현대문학〉 거래의 필자들은 이 '항아리집'을 단골로 많이 이용했다. 그곳을 드나들면서 나는 박 선생과 한두 번 동석은 해봤지만 처음에는 무척 조심스러웠다. 그분의 주량, 술버릇을 익히 들어온 터라 새파란 후배가 자칫 건방을 떨다가 과연 어떤 혼벼락을 맞을까 눈치코치를 살펴야 했다. 1950년대 한때는 시인 김수영 씨와 소설가 김중희 씨와 어울려 태평로 뒷골목을 주름잡던 '삼총사'라고 들었고, 또 때론 작가 오상원 씨와도 자주 어울렸다 했다.

주량이 다소 높을 정도로 폭음도 하고, 취기가 오르거나 또 배알이 꼴리는 일이 있으면 서슴없이 험구나 폭언도 해 그 계통에서는 한 가닥 족보가 있는 작가 정한숙, 박경수, 강용준 씨 등과 맞수라 했으니 어찌 주눅이 들지 않을 수 있겠는가.

그런데 만남의 횟수가 늘어 차츰 스스럼도 없어지고 또 젊은 후배로서 애교도 부려보니 무척 나를 부드럽게 대해주는 것이 아닌가. 조금 술이 올랐다 싶으면 나를 '이 판사'라고 부르곤 했다. '이 선생'이나 '이 평론가'란 호칭을 쓰기엔 연령차도 있고 해서 어딘가 찜찜해서인지 농으로 곧잘 '이 판사'라 불렀던 것이다. "예, 평론가이니 문단 판사는 판사죠"라고 화답을 하며 너스레를 떨기도 했다. 그런가 하면 때론 어떤 사안에 대해 갑론을박을 하는 경우가 생기면 내 나름의 변설을 늘어나 보기라도 하면 대뜸 '이 변호사'라고 부르기도 했다. '이 판사' '이 변호사'란 이 별칭은 그분이 나를 크게 대접해주는 말이라 싶어 기분이 좋기도 했다.

또 그분은 고집을 부렸다면 황소고집이었다. 전형적인 함경도 사나이 기질이었다고나 할까. 가령 1979년도에 있었던 일인데 한국펜문학상을 거부하기도 했다. 중견시인 P씨에게 갈 상이 어쩌다 자기에게로 온 것을 알고 자존심이 상해 단칼에 물리쳐버린 일이었다.

아무튼 선생은 주객으로서도 90세까지 살았으니 장수하신 셈인데 적어도 그분에겐 술이 수명을 감수시킨다는 말은 맞지 않았다. 레슬링 선수처럼 다부진 체격에다 너털웃음을 웃으며 '이 판사' '이 변호사'라고 부르던 그 소리가 귓가에 맴돌고 있다.

또 어느 젊은 평론가가 자기의 이름만 보고 처음에는 여자인 줄 착각하고 글을 쓴 적이 있었다며 "설마 이 판사야 그럴 일이야 없겠지" 하고 농을 하던 모습도 떠오른다.

7. 따뜻한 그 큰 손의 감촉, 소설가 오영수 선생

생전의 오영수 선생의 브랜드는 파이프 담배였고, 취미는 낚시와 난 기르기였다. 가령 '난계(蘭溪)'라는 아호만 보아도 난 기르기를 얼마나 좋아했는지를 쉽게 짐작할 수도 있다. 키는 작은 편이었는데, 키나 체구에 비해 손이 유달리 컸고, 귀는 흡사 당나귀 귀처럼 보였다.

부산에서 부산중학교 교사로 근무하다 43세이던 해, 〈현대문학〉 창간 당시에 서울로 올라와 약 11년간 편집장으로 일했다.

내가 그분을 처음 뵌 것은 데뷔 만 1년 후인 1962년도 겨울에 인사차 효제동에 있던 〈현대문학〉 사무실로 찾아갔을 때였다. 일단 부산서 올라온 아무개라고 인사를 드렸더니, 파이프를 무신 채 자리에서 바로 일어나 악수를 청했다. 겨울이라 바깥에서 갓 들어왔기에 그 악수로 내 손의 감촉이 무척 따뜻하다 싶었다. 난롯가에서 이런저런 이야기를 제법 나눴다. 본인께서 연고가 있었던 부산에서 올라왔다 싶고, 또 더 크게는 다 같은 경남출신이라 그랬는지 퍽 다정하게 대해주는 듯싶었다.

그 후 나의 서울생활이 처음 시작된 1965년도 전후에는 우이동

들판에다 100여 평쯤 되는 대지에 덩그러니 안채와 사랑채를 지어놓고 사셨다. 거기로 신년 세배차 한번 간 적이 있다. 마침 그 자리에는 바로 앞 해에 데뷔한 시인 김초혜 씨와 신혼이나 다름없었던 시절의 남편 조정래 씨가 같이 와 있었다. 이런 것이 계기가 되어 조정래 씨는 1969년도에 오영수 선생의 추천으로 문단에 나왔고 또 오늘날 큰 작가가 되어 있다.

오 선생은 어쩌면 늘 병을 안고 사셨던 분이 아닌가 싶다. 〈현대문학〉 편집장 시절이었던 1965년도에는 위궤양 수술을 받아 좀 요양하다가 그 이듬해에 퇴사를 하지 않을 수 없었고, 또 몇 해 후에는 두 번째 수술을 받아 위를 거의 잘라내다시피 했다.

그리고 우이동에서 쌍문동으로 집을 옮겨 사실 때에는 치매기까지 왔었다. 제자나 후배들에게 느닷없이 새벽에 전화를 거는가 하면, 또 때론 커피 한 잔 얻어먹으러 왔다며 불쑥불쑥 나타나기도 했고, 또 이상한 옷을 지어 입고 다니기도 했다는 이야기를 친구들로부터 전해 듣기도 했다.

결국 요양차 서울생활을 청산하고 고향 쪽으로 내려가 생활했는데 1979년도 1월호 〈문학사상〉에 발표한 「특질고」 때문에 많은 고통과 시달림을 받았다. 예부터 전해져오던 여러 지방 사람들의 특질적 성격을 수필을 쓰듯 쓴 작품인데, 공교롭게도 영남출신 작가가 쓴 작품이라 호남인들이 명예훼손을 시켰다고 과민반응을 보여 큰 시빗거리로 비화했다. 우선 진화하고 보자는 생각에서 문인협회와 국제펜클럽에서는 제명조치를 취했는데 그 당시 얼마나 큰 상처를 받았을까 싶다.

아닌 게 아니라 이 일로 더욱 건강이 악화되어 불과 몇 달 뒤에 타계하고 말았다. 1979년 5월 15일, 호적 나이로 향년 65세였고, 실제 나이는 70세였다.

지금 다시 생각해보면, 그분은 전형적인 단편소설 작가였다. 150여 편의 단편을 남겼고, 그 중에 주옥같은 10여 편의 명작도 있다. 대신 장편이 하나도 없으며, 또 단편 이외에는 일체 잡문이나 신문소설을 쓰지 않았던 분이다. 가령 그의 후기작인 「입추전후」를 읽어보면 신문소설을 써 보라는 친구의 권유를 물리치는 이야기가 나오는데 그것이 바로 그분의 진면목이었다.

그리고 들은 바에 의하면, 다른 사람들에 비해 매우 늦게 데뷔한 데 대한 보이지 않은 콤플렉스도 있었다 했다. 실제 나이 40세이던 1949년도에 김동리 선생의 추천으로 〈신천지〉에 「남이와 엿장수」를 발표했고, 그 다음 해인 1950년도에 서울신문 신춘문예에 「머루」가 당선되었으니 그럴 만했다 싶다.

그러나 이제는 그의 문학이 빛나고 있다. 실제의 생년인 1909년을 따져 고향 울산에서 '탄생 100주년 기념 및 타계 30주년 추모행사'를 문학 제자들이 주관해 2009년도에 가졌을 뿐만 아니라, 문학상도 제정되어 있고, 또 그분의 연고가 있었던 몇 곳에 표징비와 기념비도 서 있다. 경남 기장군 일광면에 가면 그분이 한 때 면서기로 일한 연고에다 소설 「갯마을」의 무대가 바로 거기였기에 '갯마을 문학비'가 세워져 있고, 또 울주군 언양읍의 모교 언양초등학교에도 문학비가 서 있으며, 또 울산 남구문화원에는 '오영수 추모 문학비'가 그리고 울산 근로청소년 복지회관에는 그의 문학 표징비가 서 있다.

　50여 년 전 그 겨울에 〈현대문학〉사의 사무실에서 잡아본 따뜻한 그 큰 손의 감촉은 이제 간 곳 없구나 싶다. 언젠가 그분의 문학비가 서 있는 곳에 갈 기회가 온다면 대신 문학비나 어루만져 볼까 한다.

8. 초현실주의 시의 교주(教主), 조향 시인

조향 시인은 1917년생으로 1984년 67세를 일기로 타계했다. 특히 부산에 거주하고 있을 1950년대나 1960년대에는 많은 일화를 남겼다. 그는 초현실주의(쉬르레알리즘)의 이론가이며 실천가이었다. 그가 봉직했던 동아대학교에서는 자기류의 목소리로 명교수란 명성을 얻었고 또 그를 따르는 후배들이나 제자들에게는 가히 우상이요, 교주였다.

그가 중앙시단에 널리 알려진 것은 6·25가 나자 부산으로 피난해 온 김경린, 박인환, 이봉래, 김규동 등과 모더니즘을 다시 계승하며 발전시킨다는 취지로 결성된 〈후반기〉 동인에 참여하면서부터였다. 살아 있을 때 그의 성격은 저돌적이고 유아독존적이라는 평을 들었다.

그는 경남 사천군 곤양면 출신이고, 진주고보를 나와 대구사범 강습과를 거쳐 일본 니혼대학을 중퇴했다. 동아대학 설립자인 정재환 총장과는 처남매제 간인데 1950년대부터 일찍 동아대 교수로, 학장으로 또 도서관장으로 있었다.

내가 조 시인을 알게 된 것은 1960년대 초 부산시절이었다. 그분이 주재하고 있던 모임에 그 동인들의 안내로 그냥 구경 삼아 두어 번 참석한 적이 있는데, 같은 서부경남 출신에다 현재 진주고등학교의 전신인 진주고보의 후배라고 그나마 다정히 대해주었다. 모교 진주고보로 보면 평론가 1호라면서 매우 기뻐하기도 했다.

그런데 앞에서도 말했듯 그분은 그의 유별난 성격과 행동 때문에 부산에서 종종 화제의 주인공이 되기도 했다. 내가 들은 이야기나 직접 알게 된 이야기만 해도 서너 가지가 된다.

첫째가 6·25 때 이야기다. 부산 피난시절 삶의 뿌리가 뽑힌 채 서울에서 내려온 문인들을 홀대를 했다. 마치 부산지방의 성주인 양 중앙문단이 이제는 자기의 휘하에 들어와야 한다고 안하무인적 언행을 보여 눈엣가시처럼 보였다. 이로 인해 수복 후 그는 중앙문단에서 고립되다시피 되었다.

두 번째는 1960년대 초에 있었던 세칭 동아대학 학생들의 '부산일보 습격사건'이다. 당시 조 시인은 44세였는데 이 사건은 그가 조종했다고 뒤에 판명되었다. 시(市) 소유로 되어 있는 구덕공원을 동아대학이 캠퍼스 확장을 위해 그 점유를 기도하자 부산일보가 크게 반발하여 여론몰이에 나섰다. 이에 부산일보를 타도해야 한다고 학생들을 동원해 부산일보사로 쳐들어가 난동을 부리게 했던 사건이다. 부산 지역신문과 동아일보에 대서특필된 사건이다. 이 일로 차기 총장 자리를 노린다는 낭설이 돌고, 또 총장과도 사이가 소원해지자 결국 대학을 물러나 무작정 서울로 올라왔던 것이다.

세 번째는 김상옥 시인과의 불화와 맞고소 사건이다. 평소 부산 사회에서 김상옥 시인과 조향시인은 견원지간이었다. 마침 1962년도에 한국문학가협회 경남지부장을 김상옥 시인이 맡고 있었는데 이를 고깝게 여겼던 조향 시인과의 사이에 고소사건이 발생했다. 조 시인은 결국 지부 회원에게서 제명처분을 당했는데, 이에 관한 일련의 사건 역시 지역신문에 크게 오르내렸다.

네 번째는 많은 염문도 뿌렸다. 그중 김춘방이란 시인과의 연애 사건이 부산사회에서 한때 화제가 되었다. 김 시인은 경기여고 출신의 재원이었다. 6·25 전쟁 중에 중국인과 뜻하지 않은 결혼을 하게 되었는데, 동아대 국문과 대학원의 제자가 된 것이 인연이었다. 그녀는 1960년대 광복동의 멋쟁이로 통했다. 까만 스카프에 까만 원피스를 즐겨 입고 다녔는데 조향의 시에 자주 나오는 '검은색'을 직접 의상에다 실천하고 다닌다고 수군대기도 했다. 그녀는 1970년대 초에 서울로 올라왔는데 그나마 아는 사람이라고 전화가 와서 한 번 만났는데 결국은 자살로서 인생을 종지부 찍었다는 소식을 아주 늦게야 알았는데 왠지 가슴이 아팠다.

또 하나 들은 일화가 생각난다. 어디서건 초현실주의 교주라 그를 따르는 소수의 제자들이 있었는데 아니나 다를까, 장례식 날 하관할 때 26세의 초등학교 여교사가 관을 붙들고 늘어지면서 "나도 함께 묻어 달라"고 울부짖었다는 일화도 전해지고 있다.

이런저런 화제를 남긴 조 시인이 부산에서 서울로 올라온 1970년대에는 명지대에서 강사생활을 했고, 또 생전에는 시집을 내지 않았던 분으로 유명하다. 시의 자동기술법 그리고 전혀 예상치 못했던 장소에 의외의 물건을 갖다 놓고 낯선 충격을 창조한다는 이른바 '데페이즈망' 기법을 금과옥조처럼 선전했던 그는 성격 때문에 고립을 자초된 셈인데, 점점 잊혀져가고 있는 것이 못내 안타깝다.

9. 불가근불가원 관계였던 전봉건 시인

　전봉건 시인은 1928년생으로 향년 60세로 1988년에 타계했다. 평안도 출신으로 고등학교 과정을 졸업한 그 이듬해에 해방을 맞자 바로 월남했는데 그것이 그의 학력의 전부이다.
　키는 180센티를 넘을 정도로 훤칠하고 체격도 알맞으며 외모도 중상 정도는 되어 젊은 시절 잡지사에 근무할 때에는 문학소녀들이나 여성 문인들이 그를 좋아하거나 따르기도 했다. 술은 폭음은 하지 않았지만 마음 맞는 친구가 있으면 애주는 했으며, 과묵형에 속했다. 내가 본 바로는 겨울이면 늘 새까만 도꾸리샤츠, 요샛말로 하면 폴라티를 입고 다녔는데 넥타이 맨 모습을 거의 본 적이 없다.
　내가 그를 만나기 전에 들은 이야기는 부산 피난시절에 27세의 새파란 나이에 다방에서 음독자살한 세 살 위의 전봉래 시인이 바로 친형이라 해서 그렇다면 아우 전봉건 시인은 과연 어떤 사람일까 하는 호기심도 있었다. 그도 그럴 것이 "찬란한 이 세기에 이 세상을 떠나고 싶지는 않았소/ 그러나 다만 정확하고 청백히 살기 위해/ 미소로써 죽음을 맞으리라"라는 유서를 남겨놓고, 홀러나오는 바흐의 음악을 마치 장송곡인 양 들으며 죽어간 시인이기에 그 관심이 곧 전봉건 시인에게로 전이되었다고나 할까.

이런 전봉건 시인을 내가 처음 만난 것은 1964년 종합 월간지 〈세대〉지 기자 시절이었다. 그 당시 〈세대〉지에서는 기획으로 시인들의 신작과 시작 노트 그리고 다른 분의 비평을 받아 싣고 있었다. 마침 김구용과 정진규의 시에 대한 비평을 월별 계획에 따라 그에게 청탁을 했는데 그 원고 전달차 편집실로 두세 번 오게 되어 만나게 된 것이다. 또 바로 그해 12월호 〈사상계〉지에 김수영의 연간시평이 나왔는데, 그 내용 중에는 그를 혹평하고 있는 부분이 있어 그 반론을 〈세대〉지 1965년 1월호에 발표하게 되자 나는 그를 더 자주 만나게 되었다.

그리고 바로 그해에 그는 새로 창간된 〈문학춘추〉지 편집장으로 직장을 옮겼다. 3개월간의 소설 월평을 써 달라는 청탁이 있어 서로 오가기도 했다.

그런데 마침 그가 1966년도에 〈현대문학〉에 월평을 3개월간 썼는데 공교롭게도 바로 뒤이어 나도 월평에 참여할 수 있는 기회가 있었다. 첫 달에 무엇을 쓸까 하고 생각하다 바로 앞 호에 「참여하는 것」이라는 제목으로 그가 발표한 월평에 대해 반론을 쓰기로 했다. 그것이 바로 「참여시에의 管見」이라는 나의 월평이다. 그는 월평에서 김수영의 「설사의 알리바이」라는 시를 두고 대표적인 참가시인의 시가 이 정도이니 참가시를 도저히 신용 못하겠다는 논조였다. 나는 이에 대해 김수영의 그 작품만 가지고 참가시를 침소봉대하여 평가절하하지 말아야 한다고 충고하면서,

참가시의 장점과 단점도 두루 언급해보았던 것이다.

물론 인간은 인간이고 글은 글이지만, 그의 글에 대한 나의 반론 겸 충고에 대해 그가 기분이 유쾌할 리는 없었을 것이다. 그러나 '세월이 약'이라고 1970년대 초, 어느 자리에서 나와 만나게 되었는데 일단 바로 앞 해에 창간된 시 전문지 〈현대시학〉의 창간을 축하해 주었더니 언제 한번 사무실로 놀러오라는 인사를 했다.

그런 후 얼마쯤 지나 서대문구 충정로 2가 골목길에 있는 그의 사무실로 한번 찾아갔다. 작은 목조건물 2층의 서너 평 되는 공간을 쓰고 있었는데 나는 창간에 따른 몇 가지 이야기를 듣고 또 과월호도 몇 권 얻었다. 시간이 있다면 그동안 시론과 시인론을 더러 써왔으니 언제든 그런 글을 써달라는 부탁도 했다.

헤어져 돌아오는 길에 나는 그가 왜 〈현대시학〉지를 창간하게 되었는지를 곰곰이 생각해보았다. 그 이유는 아마 이랬으리라 본다. 그동안 밥벌이를 위해 만부득이 5~6개의 대중 인기 잡지사만 전전해오다 보니 시인으로서 자존심이 크게 상했으리라 본다. 더욱이 모 대중 월간지 주간직을 맡고 있을 때, 음란물 제조 및 판매 혐의로 징역 10월을 구형받은 사건도 있었으니 분명 오만정이 떨어졌으리라 본다.

그가 창간하고 생전에 정성을 쏟았던 그 시 전문지가 현재로선 최장수 전문지가 되어 있는데 시인 정진규가 맡아서 발행하고 있다. 타계하기 전까지 약 130여 명의 좋은 시인을 배출했으니 그의 공이 크다는 것을 부인할 사람은 아무도 없을 것이다.

생전에 이 시지를 만들면서 박두진 선생의 권유로 그는 틈틈이 수석 모으기를 큰 취미로 삼았다. 그런 결과 1984년도에는 수석 시집 『풀』, 1987년도에는 수석 관련 수필집 『뱃길 끊긴 나루에서』를 펴내기도 했다.

시집으로는 『사랑을 위한 되풀이』, 연작시집 『속의 바다』, 『춘향 연가』, 『피리』, 『북의 고향』 등이 있다. 초기에는 모더니즘 특히 초현실주의에 깊이 경도했는데, 그의 기여라면 한국적이며 고전적인 것을 현대화하는 데 크게 이바지했다는 평가다. 그리고 사후 20년 만인 2008년도에 20주기를 맞아 『전봉건시전집』이 나왔다.

이런 그와 나와의 관계는 어쩌면 차지도 뜨겁지도 않은 '불가근불가원'의 관계가 아니었나 싶다.

지금 나는 홍신선 편인 『우리 문학의 논쟁사』(1985)의 목차를 펼쳐 보고 있다. 그의 월평 「참여라는 것」과 나의 월평 「참가시에의 管見」이 나란히 실려 있는 것을 보며 젊은 시절에 쏟아낸 그 열정들을 추억처럼 되새겨보고 있다.

10. 산악인 장호 시인과 캐나다 로키 관광길의 추억

한때 전 세계 여성 중 최초로 히말라야 14좌를 완등했다고 떠들썩했던 산악인 오은선을 생각하면 문득 한 시인이 생각난다. 본명은 김장호(金長好)이지만 필명으로 활동한 장호(章湖) 시인이다. 그는 교수이면서 시인이었고, 시인이면서 산악인이었다.

그는 살아 있을 때 문단인 중에서는 내로라하는 산악인으로서 알려져 있긴 했지만 국내 산악회에서 더 널리 알려졌던 분인데 대한산악연맹 이사직도 맡은 바 있다.

그런 관계로 9권의 시집 중에서 산(山) 시집이 4권이나 되며, 산악 수필집으로 『나는 아무래도 산으로 가야겠다』(1977)와 『속·나는 아무래도 산으로 가야겠다』(1982)를 낸 바도 있으며 또 1993년도에 나온 『한국명산기』는 61개의 산 답사기인데 등산에 관한 종합적인 인문학적 교양을 심어준 책이었다. 사후에는 그 이후 쓴 답사기를 보충하여 2009년도에 『한국백명산기』가 나왔다.

그런데 내가 그를 처음 만났을 때는 1970년대 초이었는데 그동안 10여 년간 집중적으로 관심을 쏟았던 시극(詩劇)에서 손을 뗄 무렵이다. 평론가 최일수 선생을 통해서다.

1960년대에 그는 그의 표현을 직접 빌리면 '시극에 미쳐' 있었다. 1961년에는 방송 시극을 10여 편 쓴 적이 있고, 1963년도에는 명동 국립극장에서 올린 시극 「바다가 없는 항구」의 대본을 썼으며 역시 1968년도 같은 국립극장에서 막을 올린 4막 시극 「수뢰뫼」의 대본을 쓰기도 했다.

이런 그를 내가 처음 만나긴 했지만 처음부터 큰 거리감을 느끼진 않았다. 나이는 나보다 비록 9살 위이지만 문단 등단이 2년 정도밖에 앞서지 않아 비슷한 시기의 등단 경력에다 서로 연고가 있는 부산과의 인연 때문에 더욱 친근감을 느꼈다.

이것이 인연이 되어 훗날 첫 시집 『파충류의 합창』을 낸 지 15년 만에 낸 제2시집 『돌아보지 마라』를 친필 사인을 해 보내주기도 했다.

그런데 이런 인연도 인연이었지만 더욱 친숙해질 수 있었던 인연은 1997년 7월 캐나다 토론토에서 있었던 제7회 한국문협 해외 심포지엄의 참가가 계기였다. 그와 내가 다 같이 주제 발표자로 갔었다. 행사를 마친 참가자들이 관광코스별로 두세 팀으로 나누어졌는데, 마침 우리는 같은 팀이 되었다. 캘거리를 거쳐 밴프와 캐나다국립공원으로 지정되어 있는 자스퍼 지역을 두루 돌면서 이른바 동북 로키산맥의 명승지를 관광했다. 그와 나는 문단연조나 나이로 보아 상대적으로 좌장급이라 늘 같이 다녔다.

토론토에서 캘거리를 거쳐 밴프 지역에 도착한 첫날, 우리는 거기서 하룻밤 잤는데 그날 저녁 우리 일행 일부는 간이주점에서 시원한 맥주를 들며 그로부터 산악인 고상돈에 관한 이야기를 실감나게 들었다.

본인이 대한산악연맹 기획이사로 있을 당시인 1977년도에 한국 에베레스트원정 훈련대장을 맡아 설악산 눈밭에서 고상돈과 그 일행을 훈련시켰던 일, 그 결과 한국 최초로 에베레스트 정상에 오르게 했던 그 감격스러움 그리고 그 2년 뒤인 1979년도에 북미 알래스카 산맥의 최고봉인 맥킨리봉을 등정하고 하산하는 길에 불행히도 심한 강풍에 몸이 쏠리어 그만 30세의 아까운 나이에 추락사하고 만 불상사 등등을 소상히 들을 수 있었다.

지금도 산악인 제자 고상돈의 영광과 실패(추락)를 들려주던 그의 말소리가 어제 저녁 일처럼 들리는 듯하다.

비단 이 일만이 아니다. 세계 10대 절경 중의 하나인 아름다운 루이스 호수를 바라보며 서로 감탄을 해보기도 했고 또 태고의 콜롬비아 대빙원에 있는 아싸바스카 빙하 관광길에서는 속설로 천년을 장수할 수 있다는 말을 듣고 빙하 약수를 벌컥벌컥 마시며 덕담을 나누었던 기억도 새롭다.

어디 또 이런 일뿐이겠는가. 밴프 지역에서는 왕년의 세기의 연인 마릴린 먼로 주연의 영화 「돌아오지 않는 강」의 로케 장소로 유명한 '활'이라는 뜻의 보우강의 보우폭포를 보면서도 마릴린 먼로의 그 유명한 엉덩이 흔드는 독특한 걸음걸이를 서로 흉내도 내보며 한껏 웃기도 했다.

참 사람의 목숨이란 알 수 없는 일이다. 평생을 산악인으로 단련된 건강이 불과 1999년도 만 70세에 그만 꺾이고 말았으니 말이다.

지난날 아싸바스카 빙원에서 천년 장수 그 빙하 약수를 마시며 서로 90세쯤은 살고 보자는 그 덕담도 결국 그에겐 헛말이 되었구나 싶으니 어쩐지 내 마음도 숙연해지는 듯싶다.

살았을 때의 습관이나 버릇은 죽어서도 저세상으로 가지고 간다고 했다던가. 아마 지금도 지난날 이승에서처럼 산악 등반용 짐을 꾸리고 있을지 모르겠다는 생각이 문득 든다.

11. 남강의 기(氣)를 받아 조숙했던 시인 이형기

가야 할 때가 언제인가를
분명히 알고 가는 이의
뒷모습은 얼마나 아름다운가

이형기 시인의 「낙화」라는 시의 제1연이다. 정말 여러 면에서 음미해볼 만한 명구이다. 이 명구를 남기고 2005년, 그러니까 72세에 시의 제목처럼 '낙화' 하고 말았다.

그는 1948년 15세 때 진주 영남예술제(현 개천예술제)에서 장원을 했고, 2년 후 17세이던 1950년도에는 〈문예〉지의 추천으로 등단을 했다. 1933년생이니까 나와는 나이가 다섯 살 차이이지만, 문단 등단은 11년이나 빠른 선배 중 선배였다. 남강의 기를 받아 조숙했던 시인이다.

이런 그와는 여러 모로 인연이 깊다. 진주농고를 나온 그와 진주고를 나온 동향의 학연적 인연에다, 평론가 조연현 선생과도 서로 인연이 닿아 있다. 그는 조 선생의 중매로 그분의 생질녀에게 장가를 들었고, 나는 그분의 추천으로 문단에 나온 인연이 있다.

조 선생의 댁으로 세배 인사차 갔다가 처음으로 인사를 나누었다. 초면이긴 하지만 진주라는 연고도 있어 매우 친근감을 서로 느꼈다. 본인은 시인으로서 왕성한 평론활동도 해오고 있는 처지라 진주가 낳은 거의 유일한 신진평론가라며 힘과 용기를 실어주기도 했다.

1970년대 초라고 기억된다. 대한일보 문화부장 시절인데, 이런 저런 연고로 그 지면에 3개월간의 월평을 써달라는 연락이 와서 첫 달에는 직접 신문사로 가서 원고를 전달했는데, 마침 퇴근 시간이 다 되어 우리는 같이 나와 저녁식사를 하며 많은 이야기를 나누었다.

그동안 그가 써온 평론을 통해 미리 알고 있긴 했지만 그와 나 사이에는 문학을 보는 관점에서 약간의 차이가 있었다. 그 당시는 문학의 예술성과 사회성이 서로 평평히 맞서 있을 때인데, 그는 문학의 순수예술성을 무척 강조하고 있던 때였다. 그러나 나의 입장은 조금 달랐다. 예술성도 좋고 사회성도 다 좋지만 극단으로 흘러서는 안 된다는 중용이 나의 입장이었다. 이러한 나의 입장은 1961년도 나의 초회 추천 평론인 「현대적 시인형」 그리고 1963년도에 발표한 「시의 앙가주망론」, 역시 같은 해에 발표한 「전후의 한국풍자시론」에서 일관되고 있었던 문학관인 동시에 시론이었다.

그는 이미 나의 이런 시론들을 다 읽고 있었기에, 그가 이미 발표한 평론에서 나의 시론에 대해 언급하면서 약간은 반대 입장을 표명한 것을 알고 있었다. 그러나 요는 예술성과 사회성이 융합

되어야 한다는 대전제로 보면 그의 견해와 나의 견해는 오십보백보일 뿐이라 서로 허심탄회하게 의견을 교환하며 유쾌한 시간을 가졌다.

그 뒤 많은 세월이 흐르고 흐른 뒤 공교롭게도 서울시문화상 문학부문 후보로서 서로 경합을 한 적이 있다. 1999년도다. 어떤 분이 문단 연조나 평론활동 그리고 강남지역의 문학 활동을 보아 나를 후보로 한번 신청해볼 만하다 하여 껄끄러운 욕심에서 서류를 제출한 바 있다. 그런데 나중에 알고 보니 이형기 시인도 후보로 올라와 최종심사에서 같이 논의가 되었는데 여러 가지 정황으로 보아 그분에게 주기로 합의를 보았다고 그 심사에 참여했던 모 평론가가 귀띔을 해주었다. 서운해 말라고 위로까지 해주었다. 그 말을 듣자 나는 "다른 사람이 아니라 바로 그분이 받게 되었다면 오히려 참 잘된 일"이라고 흔쾌히 수긍하고 납득을 했다. 뇌졸중으로 쓰러진 지 몇 년이 지났던 때이다. 위로의 전화는커녕 아무런 도움도 주지 못한 처지라 순간 그 상은 조그마한 기쁨을 줄 수 있고 또 그 상금은 간병비에라도 조금은 보탬이 되겠다 싶었다.

이 글을 쓰다 보니 문득 그가 나에게 보내준 첫 시집과 그 뒤에도 보내준 시집들이 생각난다. 1963년도에 나온 첫 시집 『적막강산』은 보이질 않고, 1975년도에 나온 제3시집 『꿈꾸는 한발』이 눈에 띄어 꺼내 감회도 새롭고 해서 다시 서문을 읽어보았다. "남들과 비교하면 그 분량은 아직 평균수준에 이르지 못한다"며 문제는 양이 아니고 질이라는 것을 강조하고 있는 점이 눈에 띈다.

사실 문단 연조로 보아 그 후 그가 평생 남긴 시집 7권은 과작의 분량임에는 틀림없다. 그래도 인구에 회자될 만한 몇 편의 시를 남겼다는 점에서는 성공한 시인이 아닐까 싶다.

직업인으로서 그는 26년간을 언론계에서 보냈고, 그 후 약 15년간은 교수직을 가졌다. 그 과정에서 그는 진주농고 시절의 은사, 즉 뒤에 작가가 된 이병주 선생의 도움의 힘이 컸으리라 본다. 국제신문 편집국장으로 자리를 옮긴 것이나 또 그 다음 부산산업대(현 경성대) 교수로 옮긴 것이 모두 그분의 영향력이 미칠 수 있는 곳이었기 때문이다.

생전의 마지막 시집은 1994년도에 뇌졸중으로 쓰러진 후 4년 만에 발간된 시집 『절벽』이다. "모든 존재는 티끌로 돌아간다"로 시작하는 서문이 잠시 우리의 마음을 숙연케 하고 있다.

비록 11년간의 병고 끝인 2005년도에 그는 갔지만 여전히 그의 문학은 살아 있다.

12. 이태극 박사와 나의 해외여행 길 낙수

월하 이태극 박사는 1913년생으로 2003년도에 향년 90세로 돌아가셨다.

1955년 한국일보에 「산딸기」를 발표하여 정식 등단하였는데, 연세에 비해 매우 늦은 데뷔였다. 1960년에 〈시조문학〉지를 창간해 평생을 시조 보급이나 시조 운동에 진력했으며, 1965년도에 창립된 한국시조작가협의회의 산파역을 했다. 그 이후 한국시조시인협회장, 국어국문학회 대표이사를 역임했으며, 이화여대에서 25년간(1953~1978) 재직했다.

내가 월하 선생과 결정적인 인연을 맺게 된 것은 1992년도 해외여행 길에서였다. 물론 그 이전인 1981년도에 내가 서울여대에 소설론 강의를 나갈 때 만난 그 대학의 이승원 교수가 바로 그분의 자제분이란 사실을 알았고, 또 배화여대 교수 시절인 1984년도에 한양대에 강의를 나가면서 여러 번 국문과 강사실에서 뵈며 이야기를 나눈 적도 있다.

그 당시 그분은 이화여대에서 퇴임하신 후이고, 연세는 벌써 70세를 갓 넘은 때였다. 이런 연고도 있고 해서 1992년도 해외여행 길에서 나만이라도 각별히 모시지 않을 수 없었다. 그 여행길은 다름 아니라 한국문인협회가 주최한 제3회 해외문학세미나 참석과 또 그 후에 바로 따랐던 여행길이었다. 제일 먼저 모스크바를 들렀고, 그 다음 세미나 개최지인 카자흐공화국의 수도 알마아타에서 행사를 마치고 우리 팀은 상트페테르부르크(레닌그라드), 북구 삼국(핀란드, 스웨덴, 노르웨이), 네덜란드 그리고 파리를 거쳐 입국했다.

나는 그 당시 한국 측 주제 발표자로 참가했는데 아무튼 그 긴 여행길에서 삼분지 일쯤은 그분과 늘 동행을 하고 동반을 해주었다. 이유가 있었다. 일행 중 제일 연세가 높았는데 그 다음이 황금찬 시인이었다. 월하 선생은 79세였고, 황금찬 시인은 지금의 내 나이인 74세였다. 뿐만 아니라 참여한 문인들의 장르를 보니 그나마 황금찬 시인은 시 장르라서 후배와 제자들이 제법 많이 보였으나 월하 선생은 시조이기에 모실 만한 문인들이 극소수였다. 또 설사 있다 하더라도 연세가 많으시니 어려워하여 일부러 피하는 듯싶었다. 그래서 내가 마음속으로 자청해보았던 것이다.

그런 과정에서 있었던 여러 가지 일들이 생생히 떠오른다. 알마아타에서 있었던 일이다. 저녁식사를 하러 식당에 들어갔는데 마침 월하 선생과 황금찬 선생이 나란히 앉아 있기에 나는 바로 그 앞자리에 앉았다. 황금찬 시인의 제자인 모 여류 문인이 식전이건 식후건 정성껏 모시려고 시중을 드는 것을 보았는데, 식사 후 마실 물을 자기 선생님 것만 달랑 한 컵 가져오기에 순간 속으로 좀 예의가 없구나 하고 생각하며 대신 내가 직접 물 한 잔을 갖다 드렸다.

　이튿날 그 여류 문인을 만나 조용히 충고의 말을 해주었다. 황 선생보다도 몇 살 위이신데 어떻게 황 선생 앞에만 물 한 잔 갖다 놓고 말았느냐고 따지듯 했던 일이 기억난다. 그 후로는 두 분이 합석할 때면 똑같이 배려해드리는 것을 보며 역시 할 말은 하고 볼 일이라고 생각한 적이 있다.

　또 한 가지는 알마아타에서 상트페테르부르크로 갔을 때의 일이다. 푸시킨 기념관을 돌아보고 나오는 길에 하시던 말씀이었다. 매우 점잖은 분이 우스개로 "역시 남자가 미인 아내를 두면 불행한 법이야"라고 하시기에 나도 즉석에서 "그렇긴 하죠"라고 맞장구를 쳐드렸다. 바로 조금 전 기념관에서 푸시킨의 아내 나탈리아와 프랑스 망명 귀족으로 러시아 근위대에 근무하던 정부 프랑스 남작 단테스와의 연애 사건으로 있었던 결투 사건의 증거물과 그의 죽음의 자초지종을 보았기에 더욱 실감이 났다.

　그 다음 또 한 가지는 암스테르담에서 있었던 일이다. '북쪽의 베네치아'라고 불리는 수중도시요, 운하의 도시인 그곳에서 시내 관광을 위해 막 유람선을 타려고 할 때 바로 내 뒤에 서 있는 모습이 나의 사진에 찍힌 것이다. 나의 대학 정년기념 문집에서 여러 해외여행 중의 사진으로는 오로지 그 사진만을 골라 넣었다. 이 책을 받아본 문인들이 바로 이 사진을 보고 "이태극 박사 아니야?"라고 물었던 분들이 더러 있었던 기억도 난다.

　아무튼 여행이 거의 끝날 무렵, 파리에서 이 교수 덕에 좋은 여행이었노라는 인사말도 들었는데, 그 후 귀국해서 아드님 이숭원 교수에게 이런 사정을 전했던 모양이다. 그 후 10여 년이 흐른 뒤인 2003년도에 나의 정년기념 문집용으로 그 아드님에게 나의 시론(詩論)에 관한 글 한 편을 부탁한 적이 있다. "물론 써드려야죠" 하면서 해외여행 길에서 아버님을 잘 보살펴주신 그 고마움도 잊지 않고 있다는 말도 덧붙이기에 순간 기분이 좋았다.

끝으로 그분의 업적이라면 우선 시조시인으로서의 그것은 열외로 하더라도 특히 시조부흥에 큰 공을 남겼다. 〈시조문학〉지 발행은 물론 이론서와 연구서를 몇 권 남긴 일이었다. 『시조문학과 국민사상』, 『시조개론』, 『시조연구논총』, 『시조의 사적 연구』 등이 있다.

2010년도에는 강원도 화천군이 그곳 출신인 선생의 뜻을 기려 화천읍 동촌리에 '월하문학관'을 세워드렸는데 나도 언젠가는 한번 찾아볼까 하고 있다.

13. 많은 일화 남긴 언론인 소설가 선우휘 선생

　소설가 선우휘 선생은 1986년 6월 12일 64세의 나이로 타계했다. 1986년 6월 KBS의 6·25 특집 '살아 있는 전장'을 녹화하러 낙동강까지의 전투 전적지를 취재한 후 조금 지나 뇌일혈로 사망했다.

　선우휘 선생은 1922년 평북 정주 출신으로 해방 이듬해 1946년도에 삼팔선을 넘어 월남했고, 경성사범을 나온 후 1949년에 육군 소위로 입관하여 정훈차감을 지내고 예편한 육군대령 출신이었다.

　문단 등단은 1955년 〈신세계〉에 단편 「귀신」으로 했고, 그 뒤 1957년에 〈문학예술〉에 중편 「불꽃」으로 신인 특집에 당선되어 제2회 동인문학상을 받았다. 그는 나와는 나이야 물론 큰 차이가 나지만 등단은 불과 5년 앞이다.

　예편을 하고 1957년에 한국일보 논설위원으로 가서 잠시 있다가, 1961년에 조선일보 논설위원으로 옮겨 편집국장(1963), 주필(1971), 논설고문(1980)으로 무려 25년간을 조선일보를 지켜준 속칭 '조선일보 맨'이었다.

내가 선우 선생을 처음 만난 것은 1965년도이다. 〈세대〉사 기자 시절인데, 다른 분의 청탁 원고를 받으러 갔다가 편집국장석에서 간단히 인사를 나누었다. 그도 이미 〈세대〉지에 단편을 1편 발표한 적이 있고, 또 〈세대〉지 이광훈 편집장이 〈문학춘추〉지에 '선우휘론'을 쓴 인연도 있고 해서 퍽 반갑게 맞이해주었다. 이 이야기 저 이야기를 조금 나누다 마침 얼마 전에 〈주간한국〉지 합평인 '이달의 문제작'에서 그의 단편 「십자가 없는 골고다」를 내가 선정해 합평 대상 작품이 되었다는 이야기도 해주었다

그리고 1970년도에 또 한 번 인사를 나누었다. 그가 주필로 옮기기 바로 앞 해이고, 나는 그때 학원을 운영하고 있을 때다. 〈현대문학〉에 연재하던 나의 소설론 「한국소설의 모두·종지부론」이 7월 17일자 조선일보 문화면에 '한국소설의 시작과 종결법, 최초의 유형학적 분류'라는 타이틀로 대문짝만하게 소개되어 있었으니 여간 기쁜 일이 아닐 수 없었다. 2~3일 후 담당기자에게 인사차 갔다가 또 인사를 하게 되었다. 이제는 구면이고 내 글도 이미 그 지면에 소개되었기에 편하게 이야기를 하며 커피도 마셨다. 곁들여 자리에는 없었지만 정치부장 최병렬(뒤에 정계로 나감)이 나의 진주중 동기 동창이라는 이야기도 했다.

그 후 1970년대 중반쯤 무교동 낚지집에서 한두 차례 자리를 같이해보았다. 소설전문 평론가와 작가와의 만남이었는데 유유상종이 어디 따로 있을 수 있겠는가.

그런데 이 글을 이쯤 써오다 보니 문득 그가 남겨놓고 간 재미있는 에피소드들이 생각난다. 그의 작품세계가 어쩌고저쩌고 하

는 것보다 오히려 그 이야기가 더 재미있으리라 보아 소개해본다.

1950년대 이야기인데, 부동자세로 선 채 군복에다 바로 소변을 본 이야기다. 정훈차감 시절, 육본에서 아침 조례로 서 있을 때인데 전날 밤에 하도 술을 많이 마셔서 갑자기 소변이 마려웠다. 연병장에서 이탈할 처지가 아니라서 뱃심 좋게도 "에라 모르겠다!" 하고 부동자세로 오줌을 쌌던 일이다.

다음은 1961년 조선일보 논설위원 시절의 이야기이다. 출근길에 5·16 쿠데타 소식을 듣고 대령시절 그가 늘 출근했던 육본으로 곧장 가서 "어떤 정신 나간 놈들이 쿠데타를 일으켰어?"라고 일갈해 그 일로 그만 수배령이 떨어져 보름쯤 숨어 지내다 신문사에 복귀했던 일이다.

그 다음은 1970년대의 사건인데, 그 어떤 권력의 눈치도 아랑곳하지 않고 또 신변의 위험도 감수한 채 정부 비판의 사설을 과감히 쓴 사건이다. 1973년도 주필시절, '김대중 납치 사건'을 신문사 윤전기를 세워두고 주필 권한으로 사설을 써서 끼워 넣었던 일이다.

다음은 여담 같은 에피소드다. 그 납치사건을 두고 당국을 비판한 선우 주필의 단호하고 강직한 태도에 오히려 감명을 받은 박 대통령이 후에 감사원장 자리를 제의했는데 그것을 단호히 거절했던 이야기다. 그 뒤 두 사람은 만나 허심탄회하게 술도 했는데 그 자리에서 감히 그 누구도 흉내 못할 맞담배를 피웠다는 이야기도 전해지고 있다.

또 있다. 노태우 대통령이 대통령으로 출마했을 때 내건 '위대한 보통사람들'이라는 선거 구호가 바로 선우 선생의 칼럼에서 따온 용어라는 것이다. 그리고 또 한 가지가 더 있다면 무슨 사연, 무슨 한이 맺혀서인지는 모르지만 옆에서 다른 사람이 유행가 '봄날은 간다'를 부르기만 하면 조건반사처럼 엉엉 울더라는 이야기가 전해진 적도 있다.

그는 기질적으로 야인(野人)이요, 자유인이었다. 돈이 없어서가 아니라 늘 같은 넥타이에 허름한 양복을 입고 다닌 것만 보아도 그의 기질이나 성품을 알 수 있다. 술은 문사(文士)답게 두주불사였다. "한 달에 한 번쯤은 통음해야 머릿속 찌꺼기를 씻어내고 새 출발을 할 수 있다"는 말을 남길 정도였으니 대충은 짐작이 가리라 본다.

또 권력도 탐하지 않았다. 오로지 평생을 논객과 소설가 자리를 지켰다. 편집국장 자리를 지키거나 아니면 논설을 써야만 하는 틈바구니에서도 단편 64편, 중편 7편, 장편 10편 등 도합 81편을 남겨두고 떠났다.

1950~1960년대 전후소설에서 손창섭, 김성한, 장용학, 오상원의 이름과 함께 그의 이름도 함께 큰 자리를 차지하고 있다.

대표작 단편 「십자가 없는 골고다」와 「테러리스트」, 중편 「불꽃」, 장편 「깃발 없는 기수」, 「싸리골 신화」 등에서 우리는 그의 행동주의적 휴머니즘의 실체를 다시 한 번 음미해볼 수도 있다.

14. 침술 봉사하다가 떠난 신동문 시인

그 누구 못지않을 정도로 반골기질이 강했던 사람이 신동문 시인이다. 내가 그를 만난 것은 〈세대〉사 시절인 1965년도 초였다. 경향신문 논설위원으로 있던 이어령 씨가 충청도로 동향에다 얼마 전까지만 해도 같은 신문사에 있었던 그를 천거하여 기획위원이란 이름으로 와서 몇 개월간 주간직을 대신 맡아주었다.

그는 1956년도에 조선일보 신춘문예를 통해 「풍선기」라는 시로 등단했다. 「아! 신화같이 다비데군들」이라는 산문시 형태의 이 4·19 혁명시로도 한때나마 젊은이의 마음을 사로잡았던 시인이다. 1960년경에는 종합지 〈새벽〉 편집장 그리고 그 뒤 〈사상계〉 편집장도 잠시 맡은 적이 있다. 이런 경력으로 1964년도에 경향신문 특집부장으로 가 있었는데 독자 투고 중 그 당시로 봐서는 내용이 매우 과감한 투고 작품을 게재해준 것이 화근이 되어 중앙정보부에 연행되어 큰 곤욕을 치르고 나와 신문사를 그만두고 쉬고 있을 때에 〈세대〉 사와 인연을 맺게 된 전후 사정이 있다.

몇 명 되지 않는 편집부 기자들과 종종 회식자리를 같이 하면서 그에 관해서 더욱 소상히 알게 되었다. 그의 본래 이름은 '건호'

이다. 그가 폐결핵으로 충북 도립병원에 입원해 있으면서 매일 죽어나가는 사람이 몰래 병원의 동쪽 문으로 나가는 것을 보았기에 후일 '동문'이라는 필명을 쓰게 되었다 했다.

그는 어릴 때 매우 병약했다. 초등학교, 중학교, 대학에 이어지는 과정에서 폐결핵과 늑막염을 앓았기에 수차례 휴학, 재편입을 하기도 했다. 그렇지만 수영에 소질이 있어 한때나마 국가대표 수영선수가 되고자 하는 꿈도 가진 적이 있다 했다.

그래서 이런저런 사정으로 결혼도 1963년도 30대 중반 나이에 늦게 했다. 어느 토요일 오후에 나를 포함해 편집부 기자 두세 명이 그날 회식을 마치고 거의 신혼시절이라 할 수 있는 시절인데 집에 초대되어 갔다. 신설동 어느 골목길 집 문간방에서 세 들어 있었다.

이런 신 시인이 우리 〈세대〉사와 인연이 되어 해놓은 일 중의 하나가 평소에 친분이 있던 이병주 씨를 〈세대〉사에 소개해서 문단에 데뷔시킨 일이다. 만약 그가 아니었다면 어쩌면 이병주란 작가는 영원히 묻혀버렸을지도 모를 일이다. 아무튼 〈세대〉지에 잠깐 몸을 맡겼던 그는 그 뒤 신구문화사 주간으로 가 있다가 다시 자리를 옮겨 〈창작과 비평〉의 주간직을 맡기도 했다. 그때 길에서 우연히 만나 수송동 사무실에 가서 따끈한 커피를 대접받았는데, 그 미각이 아직도 혀끝에 살아 있는 듯하다.

그러나 1975년도에 그 잡지에 실린 글이 필화사건으로 긴급조치에 연계되자 그는 책임을 지고 주간직에서 물러나 문필 활동과는 담을 쌓고 한동안 바둑과 침술공부에 열중했다.

그러다가 1962년도에 사둔 충북 단양군 적성면 예곡리 남한강을 바라보는 야산에다 농막을 지어 이사를 가서 농사를 짓고 살았다. 1967년도에 발표된 그의 시「내 노동으로」라는 시에서 "내 노동으로/ 오늘을 살자/ 내 노동으로/ 오늘을 살자고/ 결심했던 것이 언제인데"라며 자기반성의 안타까움을 토로해보기도 했는데, 결국은 그것을 몸소 실천했던 것이다.

그리고 1993년까지 평소에 익혀둔 침술로 수많은 사람들에게 본인의 표현을 그대로 빌리면 '허가증 없는 돌팔이 침술사'로 무료 시술을 해주었다. 서울생활에서 사귀었던 사회명사도 더러 침술 시술을 받으러 가서 며칠씩 쉬고 올라왔다는 이야기도 들었는데, 아마도 그가 젊은 시절부터 갖은 병고에 시달리면서도 용케 살아남았기에 많은 봉사나 하고 보자는 뜻이 있었을 것이다. 그래서 사람들은 농반 진반 별명으로 아프리카에서 평생을 의료봉사한 슈바이처 박사를 연상하여 그의 성씨를 따 '신바이처'라 부르기도 했다는 일화가 있다.

1993년도에 향년 66세로 타계했는데 시신은 여의도 성모병원에 기증되었고, 유골은 유언대로 남한강과 그가 살던 농막 주변에 뿌려졌다. 시비는 청주 가경동 발산공원과 단양의 호수 주변 소금정공원에 세워져 있다.

그렇게 오래된 이야기는 아니다. 어느 모임에서 언론인 출신인 전 국회의원 신경식 씨와 부인인 시인 최금녀 씨를 같은 자리에서 만날 수 있는 기회가 있었다. 이런저런 이야기를 하다 마침 내 입에서 신동문 시인 이야기가 우연히 나왔는데, 알고 보니 신 시인이 신 의원의 종조부라는 사실을 참으로 늦게야 알게 되었다. 부친의 막내 삼촌으로서 아버지보다 나이는 아래였는데, 고등학교 때까지 한 방을 쓰면서 문학에 관한 한 그분의 영향을 받았다 했다. 우리 세 사람은 이런 이야기를 주고받으며 약간은 감회에 젖어 보기도 했다.

15. 넓고도 깊은 인연, 소설가 이병주

나림(那林) 이병주 선생과 나 사이에는 넓고도 깊은 인연이 있다. 지연적 인연에다 종친으로서의 인연, 거기에다 문단 데뷔하실 당시의 인연도 있다.

선생의 고향은 하동군 북천면이고, 나의 고향은 북천면과 면계를 하고 있는 옥종면이다. 버스로 진주와 옥종을 오가려면 반드시 북천면을 거쳐야 한다.

내가 옥종초등학교를 졸업하고 진주중·고등학교를 다닐 당시 버스를 이용해 주말에 간혹 두 곳을 오갈 때 이곳을 거치면서 사람들로부터 선생에 관한 이야기를 듣곤 했다. 하동에서 몇 안 되는 일본 유학파라는 것, 좌익적 성향이 좀 있다는 것, 진주농고 선생을 거쳐 진주농대와 해인대학의 교수로 있는데 문학은 물론 영어와 불어에도 능통하고 박식하다는 등등의 이야기였다.

종친으로서의 인연은 파만 다르다 뿐이지 같은 합천 이씨다. 그리고 문단 데뷔 당시의 인연이라면 선생의 데뷔작인 「소설·알렉산드리아」가 1965년 〈세대〉지에 발표될 당시 나는 그 월간지의 편집기자로 일하고 있었다. 그 원고의 편집과 교정을 내가 직접

보았고, 또 해당 잡지가 나오자 그 당시 남산 밑에 있는 외교구락부로 몇 십 권의 책을 가져다 달라기에 영업부 직원과 함께 책을 택시에 싣고 전달도 해주었다. 학병 출신의 모임이 있어 축하 자리도 겸한다는 것이다.

이런저런 인연이 있었기에 그 후 내가 〈세대〉사를 그만두고 다른 직장을 알아보고 있는데 마침 중앙일보가 창간된다는 소식이 들려왔다. 마침 잘되었구나 싶어 언론계 출신이시기에 얼핏 그쪽과 연이 닿으시겠다는 생각이 들어, 그 당시 서울에서 처음 지어진 마포 아파트의 댁으로 방문했다. 한국일보 출신이 편집국장으로 내정되어 있다면서 마침 경력기자들을 스카우트 중이니 한번 알아봐주시겠다는 확답을 듣고 나왔다.

결국 그 일은 성사되지는 못했다. 그러나 고향의 새까만 후배를 위해 힘을 써주신 것은 사실이었기 때문에 늘 고맙게 생각하고 있었다. 성사는 되지 못했지만 오히려 내가 너무 욕심을 부렸던 것이 불찰이었다.

지금 밝혀보는 사실이지만 평론가로서 또 〈세대〉지 기자로서 약간의 경력만 있을 뿐, 불과 30세도 안 된 새파란 나이에 문화부 차장 자리를 부탁했으니 언감생심일 수밖에 없었지 않았나 싶다. 차라리 평기자쯤이었다면 성사의 가능성은 아주 높았으리라 본다. 당시는 좀 서운했지만 지금 생각해보면 오히려 전화위복이 아닌가도 싶다. 교수로서 아무 탈 없이 정년을 맞이하였고 또 그나마 글을 열심히 쓸 수 있었던 점을 떠올려 보아서 그렇다. 만약 신문기자가 되었다면 언론인으로서는 입신했을는지 모르겠지만 본격적인 문학 활동에는 큰 지장을 받았을 성싶다.

그 후 나림 선생을 또 종종 뵈올 수 있었던 시기는 주로 1970년 대였다. 그때가 선생의 입장에서 보면 문학적으로나 사회적으로나 전성시대가 아니었나 싶다. 그 당시 이른바 '나림사단'의 사람들이 자주 모이는 단골 아지트는 조선일보사 옆 골목에 있었던 아리스 다방이었고, 저녁 시간쯤의 단골 술집은 역시 그 골목에 있었던 일식집이었다. 오후만 되면 다방에 나와 손님들을 만나시고 또 원고도 전달했으며, 이런 일이 끝나면 곧장 일식집 행차였다.

그 당시는 내가 서울에서 외국어학원을 운영할 때였다. 간혹 아는 분을 만나기 위해 그곳에 들르곤 할 때 여러 번 주석에 낄 때도 있었다. 그런 자리에서 오갔던 이야기가 한두 가지 떠오른다. 농을 한번 슬쩍 던진 일과 또 사람에 관한 정보였다.

나림 선생은 나보다는 17살이나 위이니 인생의 대선배요 큰 어르신인 셈이다. 평소에는 감히 농을 못할 처지였지만 술 힘을 믿고 용감하게 농을 한번 던져보았다. "선생님, 문단 서열로 보면 이래 보아도 제가 4년 선배입니다"라고 익살을 부렸다. 역시 농에는 농이라 순간 주춤하시더니 웃으시면서 "선배님 대접 잘 할 테니, 평론가님도 잘 봐주시게"라고 하시면서 술잔을 쑥 내미시는 것이었다. 그 여유로운 모습이 아직도 잊히지 않고 있다.

또 하루는 서울시장과 내무부장관을 지낸 김현옥 씨와는 각별한 우정을 나누고 있는 것을 익히 알고 있는 터라 경쟁이라도 하듯 나도 아주 잘 안다고 거드름을 피워보았다. 약간은 의아해하는 눈치이시라 내친김에 쭉 설명을 드렸다. 내 종이모님이 그분의 숙모가 되는데, 한때 내가 진주고등학교를 다닐 때 종이모님 댁에서 하숙을 하고 있을 때부터 잘 안다고 했다. 대령으로서 부산 구포수송학교 교장으로 있을 당시 숙모님 집에 인사차 들렀을 때 처음 알게 되었고, 그날 중국집에 가서 맛있는 음식까지 얻어먹었다고 제법 자랑스럽게 이야기했다. 또 이런 연고로 부산시장 시절 '문화시장' 임을 표방했기에 부산 문인들 중 더욱 가깝게 지냈다고 하자 그때서야 이해하겠다는 듯 고개를 끄덕이시던 모습도 떠오른다.

또 1980년대 중반의 어느 날 일이었다. 나림사단의 몇몇 분들과 어울려 술을 먹고 서로 헤어질 무렵이다. 선생께서 뒤따라오는 나를 보시고 자가용에 타라면서 집에 같이 가자는 것이다. 지금 어느 곳인지 생각은 나지 않지만 2층 단독주택이었다. 지하 1층에 서재를 꾸며놓고 있었는데 술김에 휙 한번 두리번거려보니 얼핏 조그마한 도서관 같다는 느낌이 들었다.

양주를 몇 잔 마시며 이런저런 이야기를 나누었는데 가장 인상 깊었던 이야기가 있다. 책상 위의 몽블랑 만년필을 들어 보여주시면서 "이 교수, 이 만년필 한 자루로 딸린 식구 10여 명을 먹여 살린다네"라고 약간 자랑스러운 투로 하시던 말씀인데, 그때의 웃으시던 환한 모습이 눈에 선하다.

맞는 말이다 싶었다. 신문과 잡지 기타 지면 6~7곳에 쭉 연재하고 있는 것을 익히 보아온 터라 노무현 전 대통령의 말투를 빌려 보면 '맞습니다, 맞고요'였다. 선생은 문단 사상 유례가 없는 다산과 다량의 작가였다. 짧다면 짧은 27년간의 작가 생활을 통해 무려 10만 장 분량의 원고를 쏟아냈으니 작가 유주현 이외에는 그를 따를 사람이 없었다. 언제 술을 들고, 언제 글을 쓰는지 문단인들이 모두 의아할 정도로 초정력적인 필력을 과시하였다. 우스개로 '소설공장'이라는 말이 나올 정도였으니 대충 짐작이 갈 것이다. 그리고 소설이 아니더라도 어떤 글을 청탁한다 해도 선생의 머리와 손만 거치면 번듯한 '물건'이 만들어진다는 말이 파다했으니 미상불 다재다능은 둘째가라면 서러워할 분이시다.

아무튼 선생은 문학자로서는 큰 성공을 거둔 셈이다. 그러나 또 다른 한편으로는 풍운남임에도 틀림없다. 하동에서 두어 번 국회의원을 출마해 낙선의 고배도 마셔보았고, 태평양전쟁 시에는 학병으로 남양군도에 끌려가 살아서 돌아왔고, 5·16혁명 때는 그의 리버럴(liberal)한 사상 때문에 옥살이도 했다. 그리고 내로라하는 언론인 생활을 거친 분이 그 당시로 봐서는 아주 늦게 늦깎이로 문단에 나왔다는 사실, 그 후 혁명 정부의 실세들 가령 김현옥, 이후락 등과 어울려 문인으로서는 예외적으로 권력실세들과 깊은 친교를 맺으며 꽤 힘깨나 쓸 수 있는 위치에 있었지 않았던가.

어디 이런 것뿐이겠는가. 술도 좋아하고 곁들여 여자도 좋아했으니 한량임에는 틀림없었다. 내 눈에도 몇 번 목격된 일이 있다. 인사동에서 작곡가 이봉조 누님이 경영하던 주점 '泗川'에 손님 대접을 위해 간혹 들를 때면 더러 만나 뵐 수 있는 기회가 있었다. 그럴 때마다 젊은 여성들과 어울려 있는 장면을 여러 번 목격했는데 상상컨대 선생의 문명과 한량기에 매료된 여성들이 아니었나 싶다.

선생이 1992년도에 돌아가셨으니 금년으로 보면 어언 20년이 다 되었다. 문득 그가 남긴 명언이 생각난다. "태양에 바래지면 역사가 되고, 달빛에 바래지면 신화가 된다"라는 말이다.

그렇다. 선생의 고향땅 북천면의 이명산 자락에 선생의 문학관도 세워졌으니 세월이 흐르고 흘러 언젠가 선생의 삶과 문학도 달빛에 바래지다 보면, 또 하나의 새로운 신화가 탄생하리라 본다.

16. '황용주 필화 사건'과 나

　내 인생에 있어서 처음이요 또 현재로서도 처음인 검찰청 출두 사건이 세칭 '황용주 반공법 위반 통일론 필화사건' 과 연관되어 일어났다.

　1964년 11월호 〈세대〉지에 황용주의 「강력한 통일정부에의 의지」가 발표되자 얼마 지나 야당인 김준연 의원이 국회에서 그 내용이 용공적이라고 성토하며 문제를 제기했다.

　이 사건은 반공법 위반문제도 문제지만 특히 황용주와 박정희 대통령과의 관계 때문에 그 관심이 더욱 증폭되고 증폭되었다. 두 사람은 매우 절친한 대구사범 동기 동창으로서 5·16혁명이 성공하자 황용주는 부산일보 사장으로 있다가 또 얼마 지나 MBC 사장으로 취임했고, 또 그해(1964)에 〈세대〉지 편집위원도 맡고 있었다.

　이런 사정이었으니 야당 쪽에서는 공격할 수 있는 호기가 온 셈이다. 드디어 황용주 씨는 반공법 위반혐의로 검찰에 구속되고 조사가 시작되었다.

　그 당시 나는 〈세대〉지 편집기자로 있었다. 그런 어느 날 검찰청 공안부에서 전화가 왔다. 참고인으로 담당 편집기자가 문제 원고의 원본을 가지고 내일 오후 약속시간에 출두하라는 것이다.

이튿날 준비한 자료들을 들고 공안부 부장 검사실로 갔다. 마침 한 분이 조사를 받고 있는 중이었는데 그 출두인이 영화 「7인의 여포로」를 감독한 이만희였다. 그 영화에서는 여배우 문정숙이 양공주로 나오는데 술에 취해 "양키, 고 홈"이란 말을 내뱉는데, 이 부분이 반미(反美)로 반공법에 걸린 것이다. 몇 가지 묻고 답하는 내용 중에 지금도 생생히 기억나는 것은 왜 감독으로서 그 대사를 삭제하지 않고 그대로 내보냈느냐는 추달이었다. 이 감독의 답변은 "감독이 영화 한 편을 만들려면 신경 써야 할 일이 많은데 어떻게 시나리오의 대사 한마디 한마디에 신경을 쓸 수 있겠느냐"는 항의성 자기변호의 답변이었다(후에 이 영화는 제목을 고치고 그 부분을 삭제하여 상영하였다).

드디어 이 감독이 떠나고 내 차례가 되었다. 가져온 자료를 우선 담당 검사에게 건네주고 조사관 책상 앞에 앉았다. 그리고 검사가 잠시 문제의 육필 원고를 훑어보더니 왜 제목을 고쳤으며 또 육필 원고 곳곳에 왜 붉은 색연필로 표시를 해두었냐는 물음이었다. 편집과정에서는 때론 제목을 시대감각에 맞도록 고치기도 하고, 빨간색 표시는 한자가 많을 때 인쇄소의 문선과정에서 한글로 바꾸어달라는 표시라고 설명해주었다.

그러고 나서 몇 가지 더 질문을 하더니 그냥 가도 좋다 해서 물러나왔다. 청사의 뜰을 걸어 나오면서 이번 일로 선생과 나와의 각별한 인연이 떠올라 꽤 고생을 하겠구나 짐작해보았다. 선생은 필자인 동시에 편집위원으로서 만난 인연도 있지만, 사실은 훨씬 이전에 인연이 있었다. 부산대 재학시절인 1958년도에 부산일보 논설위원으로서 우리에게 불어를 가르쳤다.

이 일로 〈세대〉사는 2개월간 자진 휴간계를 냈다. 겨울이라 사무실에 나와 난롯가에서 무료히 시간을 보내고 있을 때면, 간혹 위로한다고 필자로 참여했던 소장 정치학 교수들이 들르곤 했는데 그들의 말인즉, 황 선생의 이론은 이론으로서는 맞는 말이지만 남북관계의 정치적 상황으로 봐서는 좀 앞선 제언이요 생각이라는 것이었다.

그분은 그 뒤 1년간의 옥고를 치르고 나왔는데 그 무렵 나는 〈세대〉사를 이미 떠나 있었다.

'양키, 고 홈'이라 했다고 또 '통일정부'를 논했다고 반공법에 저촉이 된 그때와 지금을 비교해보면 참 세상이 많이 변해도 변했구나 싶다.

|부록|

문학인으로 살아온 반세기의 자화상

1. 나의 문단 데뷔 전말기

• 문학 지망생이 된 대학시절

진주중학을 거쳐 1957년도에 나는 진주고등학교를 졸업했다. 집안 사정이 있어 한 해를 쉬다가 1958년도에 부산대학에 입학했다.

내가 문단에 데뷔한 것은 〈현대문학〉지를 통해서였고 1961년도였다.

어언 50년이란 세월이 흘렀는데 지금 생각해보면 운 좋게 시험에 합격한 기분이다. 지방(부산)과 서울이다 보니 이렇다 할 아무런 연고도 없이 그저 생면부지로 추천응모작만 보내 추천을 받았으니 행운이라면 행운이 아닐 수 없다.

그 당시 문학 지망생들 사이에서 떠돌던 이야기에 의하면 추천위원을 소개받거나 지도를 받든지 아니면 직접 대학에서 지도를 받은 제자여야만 길이 쉽게 열린다는 소문이 무성한지라 나는 큰 모험을 한 셈이다.

처음부터 나는 문학의 길을 택하려 하지는 않았다. 대학에 진학할 때 처음에는 정치외교학과를 택하려 했다. 이 과를 택하려면 그 당시로 봐서는 부득이 서울로 장거리 유학을 가는 길밖에는 없었다. 전국적으로 보아 서울대와 연세대에만 개설되어 있었다. 집에서는 부산으로 가기를 원했다. 나 외에도 공부하는 학생이 2~3명 더 있다 보니 학비는 그렇다 치더라도 하숙비까지는 대어 줄 형편이 못 되었다. 경남 하동군 옥종면에서 부산으로 단거리 유학이라도 가면 친인척 집에 밥을 부칠 수 있는 유리한 점이 있었기 때문이다.

그래서 나는 하는 수 없이 서울행을 포기하고 부산행 열차에 몸을 실었다. 부산대학교의 모집요강을 보니 법대에는 법학과와 정치학과만 있었다. 만약 그 정치학과가 정치외교학과였다면 나는 십중팔구 그 과를 택했을 것이다. 다시 문리대 쪽을 살펴보니 영어영문학과가 눈에 띄었다. 그 과를 지망하기로 작정했다. 문학 지망생이었다면 국어국문학과를 택했을 텐데 영어영문학과를 택한 데에는 그만한 이유가 있었다.

사실 고등학교 시절에 나는 영어 과목을 무척 좋아했다. 그래서 처음에는 영어를 무기 삼아 정치외교학과에 가서 외교관의 꿈을 키워보려고 했는데 '꿩 대신 닭'이란 말이 있듯이 영문학과에 가서도 그런 꿈을 실현시켜볼 수도 있지 않겠냐는 생각에서 그 과를 택해보았다.

그러나 막상 캠퍼스에 몸을 담고 보니 늘 대할 수 있었던 것이 문학 쪽이었다. 그나마 고등학교 시절에 문학 소양을 쌓아온 것도 바탕이 되었다. 고등학교 시절에 나는 열렬한 문학 지망생은 아니었다. 시를 써본 적도 없고, 또 영남예술제(개천예술제) 같은 백일장에 참가한 경험도 없었다. 나의 한 해 선배였던 허유(許洧) 시인은 고등부에서 장원을 한 바 있기도 하고, 나의 동급생인 성종화도 장원을 했지만 그저 부럽다는 생각만 했을 따름이다.

대신 나는 책읽기가 좋아서 많은 문학작품을 취미로만 읽었고, 또 그 당시 밀어닥친 생경한 실존주의 문학과 실존주의 철학에도 큰 관심을 가져 이 책 저 책 번역서를 소화도 못 시킨 채 읽어대곤 했다. 그러다 보니 고등학생 치고는 친구들 사이에서도 제법 박식하다는 소리도 들었고 또 제멋에 풋내기 지식청년으로 심각한 듯 의젓한 태도도 흉내 내 보았다.

말하자면 이런 바탕이 있었기에 영문과에 입학하고서는 쉽게 문학에 빠져들 수 있었다. 학교 공부는 팽개치고 마치 굴레 벗은 야생마처럼 지식의 초원을 한없이 달렸다. 고시파들이 도서관에 틀어박혀 칼을 갈 듯, 소화불량일 정도로 책을 보며 평론 습작을 해보았다.

• 데뷔 전말기

문득 내 자신을 좀 더 넓은 무대, 아니 좀 다른 차원에서 평가를 받고 싶은 욕심이 생겨났다.

2학년 말경이었다. 습작 중 내 딴에 우수작을 골라 〈현대문학〉지에 투고해보았다. 지금도 거의 마찬가지이지만 그 당시는 신춘문예 당선이나 문예지 추천의 관문을 통하는 것이 유일한 문단 데뷔의 길이었다. 마침 〈현대문학〉지를 늘 사서 읽고 있었던 때인지라 추천제도를 익히 알고 있었다.

투고에 대한 의외의 엽서가 날아왔다. 추천위원인 동시에 주간이시었던 평론가 조연현(趙演鉉) 선생의 편지였다. 고등학교 시절, 이미 국어 교과서에 실려 있는 선생의 글 「소설의 첫걸음」을 열심히 읽었고, 또 그중 명문이라고 생각되는 몇 구절을 외우고 있는 나에게 그 엽서는 하나의 혁명이었다. 높기만 해 보이는 생면부지의 대가로부터 받은 그 엽서! 더욱이 학생 신분인 어린 나에게 "형의 원고……"라고 시작되는 첫 줄의 감격은 이만저만이 아니었다. 게다가 그 내용은 '유능한 평론가'를 얻겠다는 격려와 더불어 다른 작품을 한 편 더 보여 달라는 요청이었다. 그때의 충격이 결국 나를 평단으로 이끌었던 것이다. 그 엽서를 금쪽처럼 늘 가지고 다니면서 대학 내의 같은 문학 지망생들에게 그 얼마나 자랑 삼아 내보였는지 모서리가 낡아서 다 닳을 정도가 되었던 기억이 새롭기만 하다.

좀 지나 그 엽서를 버리고 말았는데, 지금 생각해보면 그것은 내 인생의 전환을 갖게 한 최초의 중요 문서인 만큼 지금은 기념품이 되고 다음은 유품이 될 법하다 싶으니 애석하기 그지없는 마음이다.

엽서의 요청대로 새 원고를 준비하여 또 보내보았다. 군 입대를 위해 1학년을 마치고 휴학 중에 써 보냈는데 휴학하지 않았다면 2학년 1학기 때였다. 답신은 거의 추천권에 드는 수준이니 더욱 열심히 해보라는 한 등급 더 오른 격려였다.

그런데 그해 9월에 입영 통지서가 나왔다. 평론가로서는 어떤 가능성만 계량해본 채 군복을 입었다. 학보병으로 입대한 나는 훈련병 시절을 마치고 전방으로 배속되었다. 내가 배속된 8사단 21연대에서는 때마침 연대장실 근무병을 뽑아야 할 형편이어서 보충병들 중에서 나도 선발되어 인사(부관)참모의 면접을 받았다.

1960년대 전후라 지금과는 달리 일체의 군사 작전권을 미군이 쥐고 있었으니, 특히 전방 부대에는 미 고문관들의 방문이 잦았으므로 기본적으로 영어를 좀 구사할 줄 아는 사병들이 선발의 1차 대상이었다. 한 달이 지나자 연대장실 근무 명령이 떨어졌다. 육본의 인사 원칙에 따라 학보병들은 말단 소총 소대로 가게 되어 있는 판국에 나에게 떨어진 예외적인 행운이었다고나 할까. 기세가 등등했던 자유당 시절에 국회의원 '빽' 이어야만 얻는 자리를 나는 너무도 쉽게 얻은 셈이다. 훈련이나 점호, 그리고 불침번을 면제받을 수 있는 자리라 밤낮으로 틈만 나면 목전에 보이는 듯한 평론가로서의 환상에 가일층 재촉을 받으며 독서를 했다.

일 년 반의 군대생활을 마치고 돌아와 곧바로 2학년 1학기에 복학 수속을 밟았는데, 입대 전의 나와는 많은 변모가 있음을 알았다. 판단력과 분석력, 문제의 설정과 제기 능력, 그리고 지적 바탕에서도 상당한 향상이 있다 싶었다.

두서너 편의 습작품 중에서 한 편을 골라 2년여에 걸친 침묵의 인사 겸 반가운 소식을 기대하며 보내보았다. 추천 통고가 왔다. 「현대적 시인형」이라는 시론인데 1961년 8월호에서 초회 추천을 받았다. 턱걸이라도 해놓았으니 졸업 전에만 추천완료를 하면 되겠다는 여유도 가져보았다. 그 당시 선배 평론가들의 추천완료 경위를 보니 첫 추천에서 완료추천까지는 적어도 1~2년이 소요된다는 것을 알고 있었기 때문이다.

그러나 한 달 후 용감히도 또 한 편을 보냈다. 추천완료라는 기대보다는 오히려 내 능력의 평균수준을 알려 어떤 확신을 갖게끔 하자는 속셈이었다. 그런데 뜻밖에도 사진 한 장과 추천완료 소감을 써 보내라는 완료추천의 통지가 날아왔다. 「푸로메테우스적 인간상」이라는 제목인데 실존주의 계열의 문학작품을 다룬 글로, 같은 해 11월호에서 선을 보였다. 한마디로 2개월 간격의 속성식 추천완료였다.

데뷔 당시 전국의 문인 수는 300명 미만이었고 특히 평론가는 더욱 수적 열세에 있었는지라 부산에서는 신문사 문화면의 뉴스거리라 싶었는지 〈민주신보〉에서 인터뷰를 요청해오기도 해 제법 의기양양하게 인터뷰에도 응했던 기억이 아직도 생생하다.

• 데뷔작에 얽힌 이야기

  1960년대 전후는 문학지라 해봐야 〈현대문학〉과 〈자유문학〉밖에 없었다. 이중 〈현대문학〉이 더 명성을 얻고 있었고 권위를 자랑했다. 이 문학지로의 데뷔는 가히 하늘의 별 따기였다. 요즘은 문학지도 많고 또 거개가 1회 당선으로 끝내지만 그때는 추천제였다. 시는 3회, 소설·평론·희곡은 2회였고, 수필 장르는 아예 추천제조차 없었다. 이런 추천제에서 추천완료까지는 누구나 많은 습작과 인고의 세월을 감내해야만 했다. 개중에는 특히 시의 경우는 1회나 2회 정도 추천을 받아놓고 지치거나, 노력 혹은 능력 부족으로 도중하차하는 경우도 있었다.
  이런 사정을 익히 알고 있는 나는 오로지 젊은 패기만 믿고 무모할 정도로 용기를 갖고 도전을 해본 셈이다. 세 번째 투고해본 평론이 제1회 추천작으로 나왔으니 운이 좋았다면 참으로 운이 좋았다고나 할까. 앞에서도 언급했듯이 그것은 「현대적 시인형」이다.
  그 내용을 좀 소개해보면, 현대시인은 '현대적 시인'이 되어야 한다고 주장하면서 현대적 시대감각이나 정신을 표현해주어야 한다고 말했다. 주제는 현대가 인간학의 시대인 만큼 이 인간학의 문제를 전(前) 시대의 낭만주의 시인들처럼 자연이나 아름다운 것에서만이 아니라 인간사회에서 직접 찾아야 하며, 소재는 현대가 과학과 기계문명의 시대요, 심리학과 사회학의 시대며, 농촌의 시대가 아닌 도회 중심의 시대로 변이된 만큼 소재의 구분도 없어져야 하며, 치열한 시 정신이 현실과 결혼해서 비로소 '현대적 시인형'이 입상된다고 했다.

그리고 그 시학(詩學)의 방법론으로 내 나름대로 '시적 리얼리즘'을 제시해보았다. 그 당시 우리 시단에 여전히 위세를 떨치고 있던 낭만주의적 시관이나 순수시 이론을 비판해보기 위해 제시해본 일종의 방향 제시요, 시작법이었다. 지나친 서정을 위한 서정주의는 지양해야 하고, 시의 세계가 하늘에서 땅으로 내려와야 하며, 산문의 리얼리즘적 수법이 시에도 도입되어 종국적으로는 시로 승화되어야 한다고 하면서 이런 시작법이 곧 '시적 리얼리즘'에 속한다고 명명했던 것이다.

그리고 이런 시들이 자칫 빠질 수 있는 함정을 예시해보며 음악적 요소도 간과해서는 안 되고, 현실의 시적 변형을 통해 '내적 생명'도 불어넣어야 하고 또 시의 쾌락적 효과가 위주가 될 것이 아니라 마땅히 도덕적 효과에 수반되는 하나의 부산물이 되어야 한다고 주장했다. 그래서 '시적 리얼리즘'의 시는 '인생의 비평'이나 '사회 비평'의 선까지 넘나들 수 있다고 보았다.

추천인 조연현 선생은 만난 적도 없고 또 다른 분을 통해 소개 받은 적도 없었으니 서로가 생면부지였다. 그리고 추천 과정에서 혹시 불리할까봐 일부러 작품만 보내보았지 일체 나에 관한 정보는 물론 대학생이란 신분은 아예 밝히지도 않았었다. 그래서 그 분은 오로지 내 원고의 내용이나 분위기로 보아 내 나이를 어림잡아 "아직 나이도 상당히 어린 것 같이 느껴지는데……"라고 심사 소감인 '평론천후감'에서 짐작만 하면서 따끔한 일침도 잊지 않았다. 다소 주눅이 들었다. 대학 복학생 2학년이었고 나이는 23살 때였으니 그것도 감지덕지였다.

여름방학을 이용해 글 쓸 자료들을 준비해 고향으로 올라갔다. 이 기간에 완성한 것이 바로 마지막 추천작인 「푸로메테우스적 인간상」이었다. 원고의 내용은 부제 '인신사상(人神思想)의 주류와 그 현대적 의의'에 나타나 있는 것처럼 그 당시 유행하던 실존주의 사상의 일면을 다루어보았다. 나는 무신론적 실존주의에 경도되어 있었다. 그래서 하늘에서 불을 훔쳐다가 인간에게 주었다는 신화 속의 푸로메테우스를 종래 기독교 신학에서 말하는 '신적 인간'이 아니라 '인간적 신'의 그 표상적 원형으로 보고 제목을 잡아보았다. 그리고 도스토옙스키의 『카라마조프家의 형제들』에 나오는 알료사와 이반, 니체의 『자라투스트라는 이렇게 말했다』에 나오는 자라투스트라, 알베르 카뮈의 『페스트』에 나오는 의사 류우를 통해 '인신사상' 내지 '신 없는 휴머니즘'의 공통성을 찾아보며 그 현대적 의의를 부여해보았던 것이다. 이 원고 역시 조연현 선생이 심사를 했다.

따끔한 첫 추천 평론의 심사평을 감안해보아 이로써 불과 2개월 만에 추천완료가 되었으니 대학의 문우들은 모두 놀랐고 나는 나대로 하늘을 나는 기분이었다. 데뷔 나이로 보면 대부분 시인이 좀 빠르고 그 다음이 소설가로, 평론가는 제일 늦었다. 직업은 대개 대학 강사나 전임교수 아니면 고교 교사였으니 대학생으로서 최연소 평론가로 데뷔한 나에 대해 주변에서 많은 부러움도 있었고 질투도 있었다. 나는 자부심과 긍지를 한껏 가졌다.

이제 생각해보니 참 많은 세월이 흘렀다. 그 당시 20대 초반의 새파란 젊은이가 50여 년이 흐르다 보니 어느 사이 원로 대접을 받는구나 싶으니 세월이 참 속절없다 싶다. 그동안 끙끙대며 글을 써오긴 했는데 그나마 중도 포기한 몇몇 선후배 평론가들에 비하면 위안이 되고 있으나 과연 추천한 선생의 기대대로 촉망받는 평론가의 길을 걸었는지 또 최초 엽서의 격려 말처럼 '유능한 평론가'가 되었는지 내 스스로 아직 그 해답을 찾지 못하고 있다.

그리고 비록 고등학교 시절의 꿈이긴 했지만 외교관의 꿈은 이루지 못했을망정 조금도 후회하지 않는다. 외교관이 되었다면 오대양 육대주를 화려하게 누비고 다니긴 했겠지만 대신 글(문학)이 남아 있을 리가 없기 때문이다.

2. 나의 삶, 나의 문학

· 지난 시절을 뒤돌아보며

지난 2004년 2월 말에 나는 대학에서 정년퇴임을 했다. 문단의 후배와 제자 그리고 지인들이 문단 등단 43주년 기념을 겸해 간행위원회를 구성하여 세종문화회관 대연회실에서 400여 명의 축하객 앞에서 황공스럽게도 750여 쪽에 달하는 『반세기 한국문학의 道程 – 이유식의 문학과 인간』이라는 문집을 봉정해주었다.

그날이야말로 어쩌면 내 생애에 있어서 가장 감회가 새롭고 뜻깊은 날이었다 싶다. 축하석에 앉아 있는 나의 마음속에는 실로 만감이 서리었다. 속절없는 세월의 빠름도 새삼 실감했고, 학연이나 지연이라고는 아무것도 없이 생판 외지나 다름없는 이곳 서울에 올라와 생활인으로서 또 문인으로서 홀로서기밖에 할 수 없었던 그 외로움과 갖가지 아픔들도 기억났다. 또 좋은 글을 써왔건 아니건 간에 중도 포기하지 않고 끝까지 매달려오기를 참 잘했구나 싶기도 했다. 특히 문집의 '문학편'과 '인간편'이 다시 두 권으로 나뉘어져 『반세기 한국문학의 전개』(김봉군 편저)와 『꿈을 좇는 로맨티시스트』(문효치 편저)라는 제목으로 서점에 나가 또 다른 새로운 독자들을 만나겠구나 싶으니 무척 기쁘기도 했다. 그런가 하면 평생 직업으로서 글쓰기와는 별반 연관 없는 영어를 가르쳐오면서 교수로서의 업적에 하나도 계산이 되지 않는 글에 무슨 숙명인 양 매달려오면서 수시로 겪었던 갈등이나 어려움들도 주마등처럼 스치고 지나갔다.

그래서 특히 정년 전까지의 '나의 삶, 나의 문학'을 한마디로 정의하면 '힘겨운 두 마리 토끼 잡기'에 비유될 수 있을 것 같다. 어려움도 많았고 또 반면 기쁜 일도 더러 있었다.

여기서 잠시 지난 시절로 돌아가 본다. 군복무 후 복학시절인 1961년도에 〈현대문학〉지를 통해 데뷔한 이후 재학 중 2년간 같은 지면에 8편을 계속 발표하다 보니 주변에서 부러워했고 또 학생 평론가로서의 능력을 반신반의하던 사람들도 달리 보기 시작해 글 쓰는 보람과 자부심도 느끼기 시작했다.

그 다음, 졸업 해인 1964년도에 월간 〈세대〉지 기자가 되어 잠시 서울생활을 했고, 다시 부산으로 내려가 고교 영어교사를 3년간 했다.

그러나 다시 생각이 바뀌어 중앙 무대에서 뛰어보자는 생각으로 서울행을 결심했다. 5~6년간의 직장생활을 해봤으니 직접 내 일을 하기로 하고 1970년도에 외국어학원을 열었다. 그리고 동시에 서울 상경의 결행을 실천해본다는 의욕으로 〈현대문학〉지에 '한국소설론'을 연재하기 시작했는데, 꽤 반응이 좋았다. 지금도 그 시절의 연재물을 이야기하는 사람들이 더러 있는데 동아일보와 조선일보에서 그 내용 일부를 소개해주는 호의도 보여주어 신진평론가로서 나는 매우 고무된 적이 있다. 40년 전의 일이지만 그 기억이 엊그제 일만 같다. 또 그 글의 덕에 그 시절 누구나 한 번 타보았으면 하는 '현대문학상' 수상의 영예도 얻었다. 1971년도다.

그 뒤 7~8년간은 확고한 생활 터전 마련이 우선이다 보니 학원 운영에만 매달렸는데 월평 이외의 본격 평론에는 자연 등한하게 되었다.

그래서 글쓰기의 시간 여유를 갖기 위해 대학으로 자리를 옮겼다. 배화여대에서 20년 좀 넘게 봉직하다 정년퇴임을 했다. 학원 원장 시절의 문학적 공백을 보상하기 위해 그 기간에 문단 활동이나 문필 활동을 새로운 각오로 다시 시작해보았다.

• 50년을 결산해보며

먼저 교수생활 이후 지금까지의 문단 활동을 대충 적어보면 문협 평론분과 회장을 6년간 맡았고, 한국문학비평가협회도 창립했다. 그 후 3년간 문협 부이사장직도 맡으면서 한편으로는 지역문학의 활성화를 위해 1996년도에 강남문인협회를 창립했고 또 강남문화원 창설에도 깊이 관여했다. 지금은 세월이 세월인 만큼 그런 단체의 명예직인 고문만을 맡고 있다.

그리고 문필 활동도 쉬지 않았다. 특히 1990년대부터는 수필이론 개발과 수필 쓰기에도 심혈을 기울이다 보니 수필의 맛도 알게 되었다.

2011년 현재로 보아 50년 간의 문필 활동을 총 결산해보면 일반 평론 160여 편, 세미나 주제 발표 평론 40여 편, 평설 100여 편, 월평 100여 편, 수필 및 칼럼 400여 편 등 총 800여 편을 남겨놓았고, 저서로는 평론집 9권, 수필집 8권, 평전 2권, 기획 편저 4권, 일반 편저 4권, 공저 1권을 합쳐 총 28권을 남겨놓고 있다. 그리고 이번에 이 인물에세이집이 나오게 되어 수필집도 9권이 된다.

이중 평론집 9권의 경우만 별도로 한번 생각해본다. 사실 학술서나 연구서가 평론집으로 둔갑하는 경우를 제외하고 보면, 그나마 순수 평론집을 7~8권이라도 낸 사람이 그렇게 많지 않다는 점을 감안해보면 그래도 좀 위안은 된다고나 할까. 흉작이란 소리를 결코 듣지는 않겠지 않나 싶다.

만약 지금 어느 누가 나에게 '나의 삶, 나의 문학'을 자평해보라고 한다면, 그렇게 성공한 문학인생도 아니고 그렇다고 실패한 문학인생은 아니었다고 말해두겠다.

평생 직업으로서 영어를 가르쳐오면서 그래도 글을 놓치지 않고 살아왔으니 앞에서도 말했듯 미상불 두 마리 토끼를 잡는 형국이었지만, 그 틈바구니에서 때론 기쁜 일과 즐거운 일도 더러 있었다.

문학 세미나의 주제 발표자로 또 그런 행사의 좌장으로 수없이 참여하여 전국 문인들과 그때그때 깊은 문정(文情)과 인정을 나누어보았으며, 특히 해외 한국문학 세미나의 주제 발표자로 구 러시아, 캐나다를 다녀왔던 기억도 새롭다. 그리고 1981년도에 문인 해외문화 및 건설현장 시찰단으로 김규동, 김차영, 민영, 전상국, 윤흥길, 문순태와 어울려 17일간 여행했던 기억도 잊을 수가 없다. 또 꼭 세 번의 문단 선거에 출마하여 비록 두 번은 낙선의 고배를 마셨지만 그래도 군사(?) 없는 평론가로서 전국 직접선거에서 부이사장으로 예외적으로 한 번 당선되는 기쁨도 누렸.

그런가 하면 그때그때 크고 작은 상을 7~8번 받았던 기쁨도 있었고, 또 사회활동을 하면서 대접도 받아보았던 즐거움도 있었다.

고교 시절, 외교관이 되려고 했던 꿈은 있었지만 오히려 문학의 길, 교수의 길을 걸어왔던 것에 지금 만족하고 있다. 후회가 없다. 시 비평, 소설 비평, 수필 이론 개발에다 수필까지 써보았으니 한도 없다. 아쉬움이 있다면 4년제 대학에서 현대문학을 가르치며 연구할 수만 있었다면 더 많은 글, 더 좋은 글을 쓸 수 있었지 않았나 싶고, 또 학연으로 얽힌 선후배간의 덕을 좀 보았다면 나의 문단이나 인생 경영이 훨씬 수월해졌거나 아니면 보이지 않는 프리미엄이라도 좀 생겼지 않았을까도 싶다.

 2004년 대학 정년 후의 나는 제2의 문학인생을 위해 나의 아호 '청다(靑多)'를 따 '청다 한민족문학연구소'를 열고 또 문단의 제자, 후배, 지인들이 회원이 된 자매단체 '청다문학회'도 결성하여 뜻있는 행사를 하며 서로 문정과 인정을 나누며 과부족 없는 '제2의 인생'을 보내고 있다.

3. 비평과 수필의 길을 오가며

 고등학교 시절, 영화평론가나 아니면 외교관이 되는 것이 나의 꿈이었다. 영화 잡지를 보면서 또 영어에 흥미를 느끼면서 그려본 나의 미래의 자화상이었다.

 이런 청소년 시절의 내가 평론가 겸 수필가로서 또 교수의 길을 걸어왔다. 가만히 생각해보면 지난 시절의 나와 그 후의 나 사이에 크게는 달라진 것이 없는 것 같다. 영화평론가이건 문학평론가이건 평론가는 역시 같은 평론가요, 또 외국어를 입의 무기로 삼고 있는 외교관처럼 그동안 역시 영어가 나의 직업수단이 되었기 때문이다.

 사실 나는 처음부터 문학의 길을 택하지는 않았으나 외교관의 꿈을 갖고 영문과에 입학한 것이 결과적으로는 결정적인 계기가 되었다. 막상 대학(부산대)의 캠퍼스에 몸을 담고 보니 늘 대할 수 있었던 것이 문학 쪽이었다. W.B. 예츠, T.S. 엘리엇, 윌리엄 포크너, 헤밍웨이, 그 당시 유행했던 실존주의 문학의 사르트르, 카뮈 등 기라성 같은 시인과 작가들의 이름을 들으며 그들의 찬란한 문명(文名) 앞에 그만 굴복당하여 차츰 문학 쪽으로 기울어져 문학 지망생이 되고 말았다. 그나마 고등학교 시절에 문학에 관한 상당한 소양을 쌓아온 것도 알게 모르게 큰 힘이 되었다.

1학년 2학기 초였다. 평론인지 무엇인지 분명한 장르 의식도 없이 무작정 한 편의 글을 써 보았다. 『대학국어』에 실려 있는 김동리의 단편 「바위」를 분석해본 글이다. 그 단편이 200자 원고지 60매 정도인데 분석한 글이 무려 50매 정도였으니 단순한 감상평이 아니라 제법 평론다운 심층 분석을 한 셈이었다.

그 당시 '문학개론'은 작가이기도 한 김정한(金廷漢) 교수가 맡고 계셨는데 국문과와 영문과의 합반 강의였다. 강의가 있는 어느 날 오후, 연구실로 찾아가 원고를 보여드리면서 평을 좀 받고 싶다는 말씀만 드리고 그냥 강의실로 곧장 갔다.

바로 그날, 강의실에 들어오시더니 그 글을 가지고 곧바로 강의를 시작하시면서 끝에 가서 평을 해주셨다. 과분할 정도의 칭찬을 들으면서 비로소 이런 것이 바로 평론이구나 확인하면서 나에게도 비평가로서의 자질과 잠재능력이 있구나 싶어 마음이 들떴다.

세월이 십여 년쯤 지나서 안 일이지만, 그 당시는 형식주의 비평이니 구조주의 비평이란 말조차 소개되지 않았던 시절인 만큼 거의 나의 본능적 비평 감각에만 의존해 써보았는데 그것이 바로 그런 접근방식이었음을 나중에 알았다.

그 후 우쭐한 기분으로 문학 공부에 전력투구하면서 평론 습작을 꾸준히 해보았다. 이것이 계기가 되어 결국 1961년도에 〈현대문학〉을 통해 데뷔하게 되었다.

그러고 보면 어언 50년이라는 세월이 흘렀다. 이렇다 할 큰 업적을 쌓아온 것은 없다 할지라도 다행히 도중하차는 하지 않았고, 그나마 문학을 놓지 않으려고 안간힘을 써왔다. 장르별로 크게 구분해보면 1960년대에는 시 비평, 1970년대와 1980년대에는 소설 비평, 1990년대 이후부터는 수필 쓰기와 수필 비평에 주로 관심을 가져왔다.

특히 수필과의 인연을 말하자면 꽤 많은 이야기가 있다.

내가 본격적으로 수필을 써본 것은 사실 신진평론가 시절부터다. 당시는 이어령 씨가 〈경향신문〉에 「흙 속에 저 바람 속에」를 연재하여 큰 반향을 일으킨 뒤라, 각 신문사 문화부에서도 에세이에 대해 상당한 관심을 가지고 있을 때였다.

그 시절 나는 부산에 있었는데 문학시평이나 칼럼을 〈국제신보〉에 간혹 쓰고 있었다. 어느 날 원고를 전해주려고 문화부에 들렀더니 아동문학가인 최계락 문화부장이 연재 에세이를 써볼 용의가 없느냐고 해서 써본 것이 바로 나의 첫 테마 에세이 「회색의 자화상 – 한국인의 프로필」이다. 1964년도다. 매주 1회 20여 회 나갔는데 꽤 반응이 좋아 수필 장르에도 차츰 깊은 관심을 갖게 되었다.

1970년대 초부터는 서울에서 생활해왔다. 1972년도에는 월간 〈동아정경〉에 칼럼을 연재했고, 1974년도에는 월간 〈신여원〉에 여성을 소재로 한 에세이를 약 1년간 연재했으며, 1989년도에는 〈스포츠서울〉에 역시 테마 에세이 「유행가에 나타난 세태」를 주 1회씩 8개월간 연재했다. 1990년도에는 월간 〈통일세계〉에 1년간 연재 에세이를 그리고 1990년도와 1991년도에 걸쳐서는 월간 〈농지개량〉에 매월 2편씩 48편의 수필을 연재했다.

뿐만 아니라 수필에 더욱 흥미를 느껴 기관지나 사보지, 종합지의 청탁은 물론 문학지에도 가끔 수필을 발표해보았다.

그 결과가 이번에 나온 이 인물에세이집과 선집까지 포함해 총 9권의 수필집을 갖게 되었다. 적어도 나에게 있어서는 수필 쓰기는 결코 평론 외에 써본 '여기(餘技)의 문학'이 아니라 '장르의 확대'였다.

그리고 평론가로서 수필가 못지않을 정도로 수필을 꽤 써오다 보니 자연 수필 비평에도 관심을 갖게 되었다. 수필의 정체성 문제는 물론, 진일보한 수필 이론을 정립해보려는 노력도 해보았다. 그 결과 『새 시대의 수필 이론 다섯 마당』이라는 이론서도 갖게 되었다.

한마디로 평론가는 창작가가 아니다. 딱딱한 평론 쓰기에만 만족할 수 없어 장르를 확대해본 셈이다. 특히 중수필(重隨筆)과 평론은 사촌간이 아닌가. 수필을 통해 나의 창작적인 능력을 시험해보고자 하는 의도가 수필 쪽으로 나아갔고, 그 결과 나는 꽤 많은 중수필이나 지적 수필을 써보았다. 수필의 정체성 확보를 염두에 두면서 신변잡기도 피해야겠고, 또 이렇다 할 메시지도 없이 그저 수사적 겉멋만 부릴 공산이 큰 서정수필 내지 유사 시적 수필도 피해야겠다는 생각에서 중수필 위주의 글을 써온 것이다.

누군가가 인생을 도박이라 했다던가. 앞으로 나의 이런 문필 인생의 패가 과연 어떤 글발의 패로 낙착될는지 그것이 적이 궁금하다.

4. 문단 선거를 세 번 치르며

문단 경력이 어느새 20년이 되던 1980년대 초부터였다. 비록 10여 년간 서울생활을 해왔지만 지방 출신에다 지방대(부산대) 출신이다 보니, 나에겐 이렇다 할 학맥의 인맥이 없다는 것을 실감했다. 물론 생각한 바 있어 곧 서울에서 석·박사과정을 마치긴 했지만, 이와는 달리 주위에서 대학 학부의 학맥으로 서로 밀어주고 끌어주는 것을 볼 때 몹시 부럽기도 했다. 서울대, 연고대, 그리고 문인을 많이 배출한 서라벌대, 동국대, 중앙대를 들먹이면 공연히 추위마저 느껴졌다.

또 그런 학맥이 없다면 문학지라도 하나 만들어 아쉬운 대로 필자와의 인맥이라도 만들 수도 있었겠지만 그것도 결코 쉬운 일은 아니었다. 그래서 답답한 대로 생각해본 것이 사람을 많이 사귈

수 있는 이른바 '문단정치' 쪽이었다. 정치를 하려면 임원이 되어야 하고, 또 임원이 되려면 일단 출마의 선거판에 뛰어들어야 함은 자명지사다.

이래저래 결과적으로 나는 문단 선거에 뛰어들었고 또 선거라면 할 말이 많다. 난생처음 선거를 세 번 치러 보았는데 모두가 문단 선거였기 때문이다.

문협 회원으로서 1970년대부터 문단이란 곳에 간혹 출입을 하다가 1980년대 중반부터는 이사직도 맡아보았고 또 1980년대 말부터는 3년 임기의 평론분과 회장직도 두 번 맡아보았다. 두 번 모두 단독 입후보라 무투표로 당선되었으니 그것은 선거다운 선거랄 것도 없었다.

처음으로 선거다운 선거를 치러본 것이 부이사장 출마 시부터였다. 1995년 1월에 있었던 선거였다. 지금의 문협 부이사장 선거 방식은 러닝메이트제이지만, 그때는 개별 단독 출마의 직접선거였다. 그해 따라 부이사장 5자리를 두고 12명이 출마하여 가장 심한 경쟁이 붙었다. 시에서 4명, 소설에서 1명, 수필에서 1명, 희곡에서 1명, 시조에서 1명, 아동에서 2명, 평론에서 2명이 나와 치열한 접전을 벌였다.

결과는 시에서 3명, 수필에서 1명, 평론에서 내가 당선되었다. 회원 수가 가장 많은 시에서 3자리를 차지했으니 역시 출신 장르의 유리한 점이 증명되었다. 선거를 치러보니 회원 수가 적은 열세 장르가 불리하다는 것도 실감할 수 있었다. 평론 분야도 회원 수는 희곡 쪽보다는 많지만 역시 최하위의 군소 장르인데, 내가 그나마 당선될 수 있었던 것은 회원들의 장르적인 다소의 배려와 그 당시 20여 회 가까이 세미나의 주제 발표자로 이 모임 저 모임에 얼굴을 내밀면서 세미나 이후의 이른바 뒤풀이나 모임에도 어울려 문정을 나눈 덕이 아닌가 싶다.

그런데 이 선거가 끝난 지 불과 1년여 만에 어쩌다 보니 또다시 선거에 관여하게 되었다. 펜(PEN)클럽 보궐선거였다. 1995년도 2월에 취임한 3년 임기의 새로운 회장단 4명이 송사사건으로 10개월 만인 그해 12월 말에 사퇴를 했다. 그래서 부득이 잔여 임기 2년의 보궐선거를 하지 않을 수 없었다. 그 당시 나는 원고 측도 피고 측도 아닌 중립이었다.

어느 날 전화가 왔다. 사퇴한 펜클럽 집행부 쪽에서 다시 러닝메이트를 짜 새로 출마한다 하니 중립 측에서 러닝메이트를 짜 나가보는 것이 어떻겠느냐는 제의가 들어왔다. 문협 부이사장에 당선된 지 불과 1년 만이었다. 선뜻 마음이 내키지 않았다. 그러나 나 같은 사람도 찾는 사람이 있구나 싶어 야박하게 뿌리칠 수가 없었다. 갈라져 있는 펜클럽을 대동 단합시킬 좋은 기회구나 싶어 수석 부회장으로 참여해보았다. 열심히 표를 모았으나 큰 표 차이는 아니었지만 결과는 패배였다. 집행부 측의 프리미엄을 꺾는다는 것이 정말 어렵다는 것을 실감했다.

2년 후 또다시 문협 선거가 다가왔다. 문협 규정에 연임까지는 할 수 있으니 그냥 재차 부이사장으로만 출마한다면 기득권이 있으니 당선은 별 어려움이 없었을 것이다. 그러나 여러 사정을 고려하여 준비가 아주 늦었음에도 겁 없이 이사장 출마 쪽으로 마음을 굳혔다.

　문협 위상을 제고시키면서 새 시대에 맞는 대폭적인 개혁과 활성화 그리고 지방 분권화를 시켜야겠다는 포부도 가졌다. '소 뒷걸음 치다 쥐 잡기' 식으로 당선만 된다면 하는 일루의 희망이 없진 않았지만 꼭 당선을 염두에 둔 것은 아니었다. 37년간의 문단 생활 중 내가 거두어들일 수 있는 표가 과연 얼마인지 알고 싶은 호기심도 있었고, 또 그 확인된 표를 기반으로 재도전해 볼 수 있는 예행연습이라는 생각도 해보았다.

　출마 결정을 하고 다른 유력 경쟁자의 사정을 알아보니 상대방 선거 캠프에서는 부이사장 예상 출마자들과 분과 회장 출마자 7명이 이미 단합되어 있다는 사실을 알 수 있었다. 1~2년 전부터 미리 선거 기반을 닦아왔고 또 선거를 의식한 계획적인 출판물을 제작하여 이미 선심 배포를 했다는 사실도 알게 되었다. 이래저래 세가 불리하다는 것은 불을 보는 듯했다. 그러나 명색이 사나이가 칼을 한번 뽑았으면 나무토막이라도 한 번 잘라볼 일이다 싶어 그래도 출사표를 내고 뛰어보았다.

　가장 양심적으로 치러보자는 생각이 들어 부이사장 출마 때와 마찬가지로 선거 사무실은 물론, 이렇다 할 구색 갖춘 참모도 두지 않았다. 내 집이 바로 선거 사무실이었다. 전화도 걸고 필요시에는 밖에 나가 손님을 만나면서 힘닿는 데까지 선거 홍보물만은 두세 번 열심히 보내보았다.

　결과는 물론 낙선이었다. 낙선이었지만 가장 명예로운 낙선이라고 위로하는 문우들도 제법 많았다. 가장 단시간 내에 이렇다 할 준비도 없이, 또 한편 가장 수적으로 열세 장르인 평론에서 시와 시조 쪽의 출마자와 겨루어 그나마 2등을 했으니 그것만도 큰 성과라는 것이다. 또 어떤 사람은 이번 결과를 보니 다음번은 분명 '따 놓은 당상'이라 부추기도 했다.

처음에는 그런 위로의 말이 전연 귀에 와 닿지 않았다. 껄끄러운 욕심에 괜히 유권자들이 야속하단 생각만 들었다. 그러나 시간이 지남에 따라 나의 분수와 주제를 차츰 파악하게 되었다. 이사장 선거는 문단 대선이 아닌가. 내 경우는 당선자와 비교해보면 장르상으로 불리했을 뿐만 아니라, 발표 지면의 제공으로 인한 인연의 고리를 맺을 수 있는 문학잡지도 없지 않은가. 2~3년간 선심 출행이라도 했어야 했는데 그 어느 하나 해둔 것이 없었으니 자업자득일 수밖에 없다 싶었다.

일단 이렇게 마음 정리를 하고 앞으로 재출마을 위해 다시 3년을 더 기다려보기로 했다. 그런데 시간이 지남에 따라 차츰 마음이 바뀌기 시작했다. 평론가로서 그나마 부이사장을 한 번 지내 봤으니 원풀이는 되었다 싶어 출마를 포기하기로 했다. 대신 글쓰기에 그 보상을 찾기로 한 것이다.

그러고 보면 아무튼 나는 그동안 이 선거 저 선거를 직접 치러 보면서 많은 경험을 했다. 인품(人品), 문품(文品), 면품(面品)이라는 3품도 중요하지만, 더욱 중요한 것은 조직과 비용이라는 생각도 해보았다.

그리고 인간적 신뢰와 문학적 교감을 나눌 수 있는 좋은 계기였음이 큰 소득이라면 소득이었다. 아름다운 문정의 교류도 있었고 인정의 교류도 있었다. 반대로 인간이 지닌 이중성, 변절성, 해바라기성도 확인하게 되었으니 그것도 값진 경험이라 자위하고 있다.

선거란 좋게 말해 문단인의 축제요, 잔치다. 물론 편 가르기나 선거 후의 후유증도 전혀 없진 않았지만, 그래도 평생 가야 대화 한 번 있을까 말까 한 전국의 회원들과 비록 전화상이긴 하지만 대화를 나눌 수 있었던 것도 인간적 소통과 접촉의 큰 즐거움이었다. 세 번의 출마에서 당선이 되었건 낙선이 되었건 간에 적어도 나에게만은 선거의 역기능보다 순기능이 많았다고 본다.